Jakobsweg-Wegweiser in Mösern (Etappe 11)

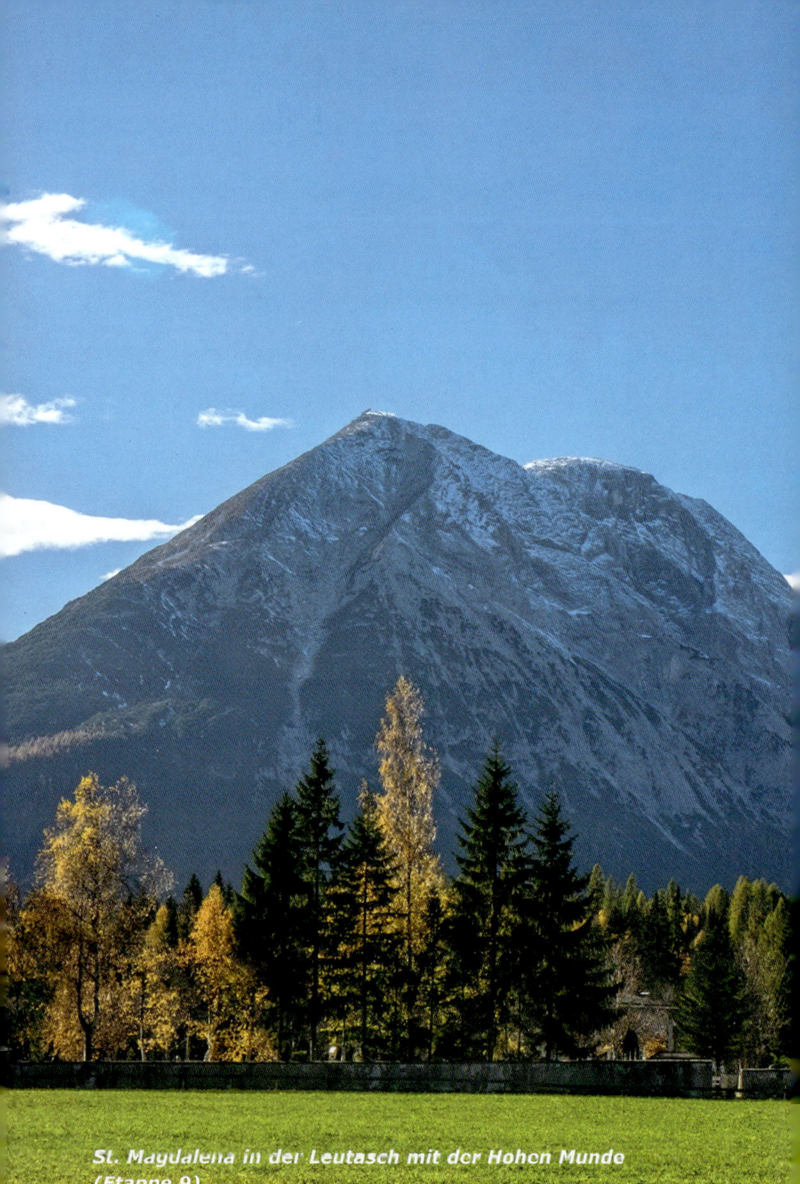

St. Magdalena in der Leutasch mit der Hohen Munde
(Etappe 9)

Band 379

OutdoorHandbuch

Markus und Janina Meier

Jakobsweg Isar - Loisach - Leutascher Ache - Inn

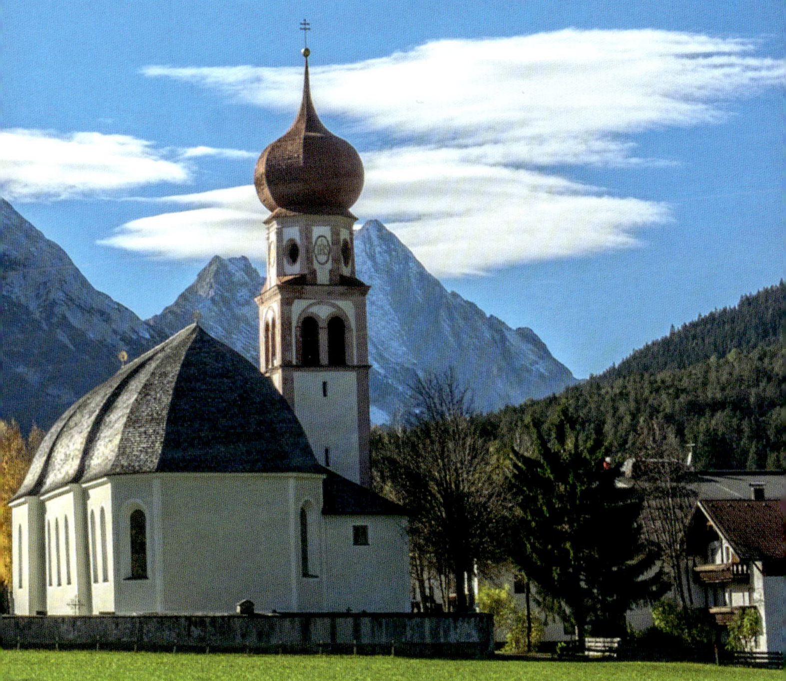

Jakobsweg Isar - Loisach -

Alle Informationen, schriftlich und zeichnerisch, wurden nach bestem Wissen zusammengestellt und überprüft.

Sie waren korrekt zum Zeitpunkt der Recherche.
Eine Garantie für den Inhalt, z.B. die immerwährende Richtigkeit von Preisen, Adressen, Telefon- und Faxnummern sowie Internetadressen, Zeit- und sonstigen Angaben, kann naturgemäß von Verlag und Autor - auch im Sinne der Produkthaftung - nicht übernommen werden.

Die Autoren und der Verlag sind für Lesertipps und Verbesserungen (besonders per E-Mail) unter Angabe der Auflagen- und Seitennummer dankbar.

Dieses OutdoorHandbuch hat 96 Seiten mit 22 farbigen Abbildungen sowie 15 farbigen Kartenskizzen im Maßstab 1:70.000, 23 farbigen Höhenprofilen und einer farbigen Übersichtskarte. Es wurde auf chlorfrei gebleichtem Papier gedruckt, in Deutschland klimaneutral hergestellt und transportiert und wegen der größeren Strapazierfähigkeit mit PUR-Kleber gebunden.

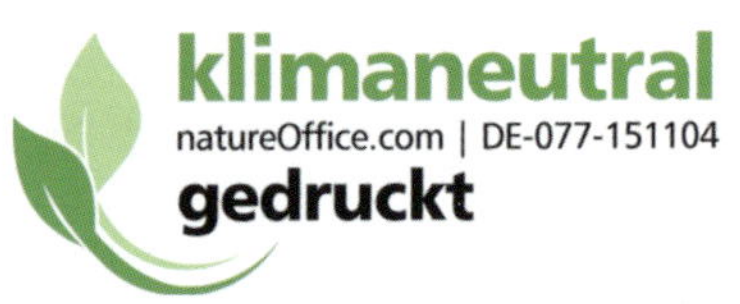

Dieses Buch ist im Buchhandel und in Outdoor-Läden erhältlich und kann im Internet oder direkt beim Verlag bestellt werden.

Leutascher Ache - Inn

OutdoorHandbuch aus der Reihe „Der Weg ist das Ziel", Band 379

ISBN 978-3-86686-501-3 1. Auflage 2016

Dieses OutdoorHandbuch wurde konzipiert und redaktionell erstellt vom Conrad Stein Verlag GmbH, Kiefernstraße 6, 59514 Welver,
☎ 023 84/96 39 12, FAX 023 84/96 39 13,
info@conrad-stein-verlag.de, www.conrad-stein-verlag.de

Werden Sie unser Fan: www.facebook.com/outdoorverlage

Text und Fotos: Markus und Janina Meier
Karten: Heide Schwinn
Lektorat: Kerstin Becker
Layout: Manuela Dastig
Gesamtherstellung: Werbedruck GmbH Horst Schreckhase

Titelfoto: Die Kapelle Maria Rast bei Krün (Etappe 8)

Inhalt

Einleitung

Bereits im Mittelalter war der Jakobsweg als Pilgerweg in Europa bekannt. Jakobus der Ältere, der Sohn des Zebedäus, war wohl ein enger Verwandter von Jesus. Im Jahr 44 n. Chr. wurde er durch das Schwert des Herodes hingerichtet. Die Kunde, dass man sein Grab in Galicien im fernen Nordwestspanien entdeckt habe, zog seit dem Jahr 813 Hunderttausende von Menschen nach Spanien. Sie pilgerten nach Santiago de Compostela, um am Grab des Apostels für die Vergebung ihrer Sünden zu beten. Für lange Zeit hatte die Stadt für die europäische Christenheit einen ebenso hohen Stellenwert wie Rom oder Jerusalem. Und so machten sich von überall her Bettler und Könige, Gesunde und Kranke, Junge und Greise auf die mehrmonatige Reise nach Spanien. Ein ganzes Wegesystem führte kreuz und quer durch Europa nach Santiago. Entlang der Pilgerrouten entstanden Hospize, Kirchen und Kapellen. Wie ein Netz überzogen die verschiedenen Jakobswege aus allen Regionen Europas die alte Welt.

In der Neuzeit geriet der Weg schließlich in Vergessenheit. Doch in den vergangenen 30 Jahren hat er eine bemerkenswerte Renaissance erfahren. 1987 erklärte der Europarat den Jakobsweg nach Santiago zum Ersten Kulturweg Europas, seitdem gehört der Weg zum UNESCO-Kulturerbe. Diese gut beschilderte Strecke löste in ganz Europa eine zweite Wanderwelle auf dem Jakobsweg aus. Wurden 1987 gut 3.000 Pilger pro Jahr registriert, waren es im Jahr 2002 69.039 Pilger, die sich in dem katholischen Pilgerbüro in Santiago meldeten. Seitdem ist die Zahl weiter gestiegen: 2015 waren es bereits 262.458 Pilger. Jeder, der zu Fuß, per Rad oder auf dem Pferderücken Santiago erreicht und anhand von diversen Stempeln in seinem Pilgerausweis nachweisen kann, dass er zumindest die letzten 100 km zu Fuß bzw. 200 km auf dem Rücken eines Pferdes oder per Rad zurückgelegt hat, erhält eine Urkunde. In Spanien und Frankreich wird die Urkunde „Compostela“ zunehmend in Bewerbungsunterlagen verwendet. Die Bewerber zeigen damit, dass sie über eine Fachkompetenz hinaus auch in sozialem und spirituellem Verhalten eingeübt sind und über Durchhaltevermögen verfügen. Manche Firmen verlangen regelrecht den Nachweis einer Pilgerfahrt nach Santiago als Qualifikationsbeleg.

Viele Menschen hegen den Wunsch, sich auf den Jakobsweg zu begeben, und meist nicht allein aus christlichen Motiven. Sie suchen Ruhe und Entspannung, wollen dem häufig hektischen Alltag entfliehen, die Einfachheit des Pilgerlebens spüren. Vielfältig sind die Gründe für den „eigenen“ Jakobsweg. Und trotzdem sprechen viele der Heimgekehrten von ähnlichen Erfahrungen: Sich immer wieder bewusst auf den Weg zu machen, nicht auf der Stelle zu treten, auf ein Ziel zuzugehen, andere mitzunehmen und zu ermutigen, sich selber zu bestärken und unterstützt zu werden - all das lässt sich spüren, wenn man seinen Rucksack schnürt und sich auf Wanderschaft begibt.

Wir hoffen, dass Sie sich - angeregt durch dieses Buch - in Ihrem Wunsch bestärkt fühlen und sich auf den Weg machen.

Wir wünschen Ihnen, dass Sie mit vielen positiven Erfahrungen von Ihrer Pilgerreise zurückkehren.

Danke

Wir möchten uns bei Herrn Rudi Herden, Geschäftsführer des Vereins zur Förderung des Jakobswegs Isar - Loisach - Leutascher Ache - Inn e. V. für die Unterstützung mit Informations- und Bildmaterial bedanken!

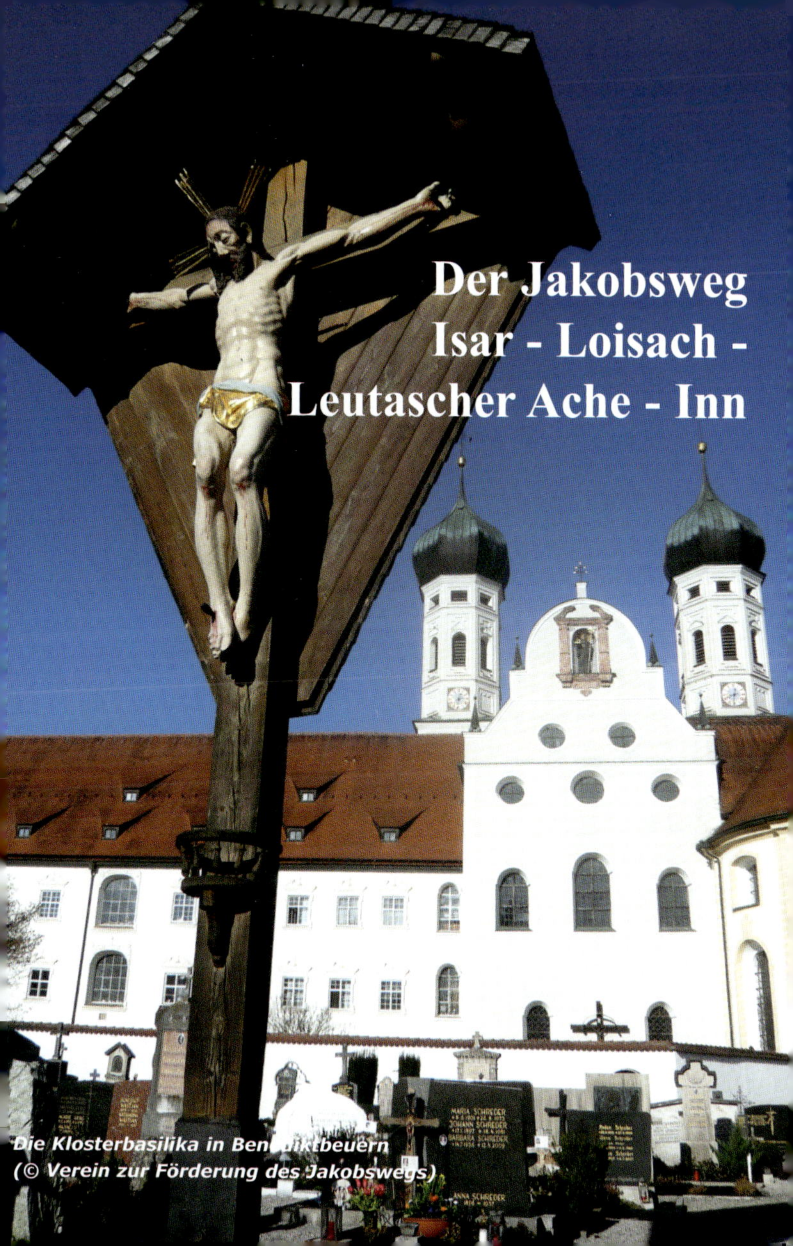

Die Klosterbasilika in Benediktbeuern
(© Verein zur Förderung des Jakobswegs)

Halb Europa war im Mittelalter im Wanderfieber. Mit einer Muschel als Erkennungszeichen an Kragen oder Hut und einem langen Wanderstab machten sich die Pilger auf den Jakobsweg in Richtung Spanien. Das Wegenetz führte durch ganz Deutschland, die Schweiz und Frankreich bis nach Santiago de Compostela. Natürlich brachen auch viele Pilger aus Bayern auf. Wie groß dieses Abenteuer im Mittelalter gewesen sein muss, kann man nur erahnen. Die meisten Menschen kannten nur die Umgebung ihres Heimatdorfes. Selten kam man in der eigenen Heimat mit Fremden in Berührung, schon gar nicht mit Menschen, die eine völlig andere Sprache sprachen, andere Gewohnheiten oder Sitten hatten. Außerdem war die Pilgerfahrt eine Reise voller Gefahren: Räuber lauerten am Wegesrand, Krankheiten waren keine Seltenheit und die Anstrengung des Weges brachte viele an den Rand der Erschöpfung. Die Gefahren des Weges dokumentieren noch heute Kirchenbücher, in denen sich der Vermerk „Blieb auf Jakobs Straß" bei den vielen verstorbenen oder nicht heimgekehrten Pilgern findet. Wer nach Santiago aufbrach, der nahm bewusst Abschied von der Heimat und Familie, in der Gewissheit, dass es bis zu einer glücklichen Rückkehr lange dauern würde.

Warum eigentlich Santiago? Die spanische Legende erzählt, dass der im Jahre 44 hingerichtete Apostel Jakobus dort begraben liegt. Angeblich hätten die Jünger seinen Leichnam nach der Hinrichtung in Jerusalem in die nahe Hafenstadt Jaffa getragen, wo sie ein Schiff an der Küste wundersam zu erwarten schien. Sie seien mit dem Toten eingestiegen und hätten den Segeln freien Lauf gelassen. Nach abenteuerlicher Fahrt sei das Schiff schließlich in Iria Flavia, dem heutigen Ort Parton, eingelaufen. Nicht weit von der Küste entfernt sei dann Jakobus begraben worden. Im Sommer 813 wurde das Grab von einem Hirten wieder entdeckt. Dieser eilte, nachdem ihm Engel mitgeteilt hatten, dass es sich um die Gebeine des Apostels Jakobus handeln würde, zum Bischof von Iria Flavia und unterrichtete ihn. Der Bischof folgte dem Hirten und entdeckte somit ganz offiziell die Reliquie. König Alfonso (759-842) begab sich, als er die Kunde vernahm, sofort zu der Fundstelle. Er gilt heute nicht nur als der erste Pilger, sondern er deklarierte den heiligen Jakobus zum Nationalheiligen, zum Beschützer des Christentums im vom Islam geprägten Spanien. Über dem Grab wurde eine Kirche errichtet und schon bald entstand eine Ortschaft, die vor allem von den wachsenden Pilgerströmen lebte. Der Ort wurde nach dem heiligen Jakob (Santiago) und dem Feld (lat. campus), über dem die Sterne (lat. stella) leuchten, benannt.

In Süddeutschland gibt es bereits ein ziemlich dichtes Netz von Jakobswegen. Eine Lücke bestand aber noch, die Verbindung zwischen Bayern und Tirol. Diese schließt nun der grenzüberschreitende Jakobsweg Isar - Loisach - Leutascher Ache - Inn.

Der Jakobsweg Isar - Loisach - Leutascher Ache - Inn ist ein relativ junger Jakobsweg. Er wurde am 12. Juni 2010 von der damaligen Bundesministerin Ilse Aigner eröffnet. Das Projekt wurde vom Verein zur Förderung des Jakobsweges Isar - Loisach - Leutascher Ache - Inn e. V. initiiert. Dem Verein gehörten die bayerischen Städte Geretsried und Penzberg, die bayerischen Gemeinden Eurasburg/Beuerberg, Bichl, Benediktbeuern, Kochel am See/Walchensee, Wallgau, Krün und Mittenwald sowie die Tiroler Gemeinde Leutasch, die Olympiaregion Seefeld und der Tourismusverband Telfs/Mötz an.

Der Weg stellt die Verbindung zwischen dem Münchner, dem Südostbayerischen und dem Tiroler Jakobsweg her und bietet so eine schöne Möglichkeit, aus Bayern nach Tirol und weiter über Vorarlberg in die Schweiz zu gelangen.

Erst in den letzten 20 Jahren wieder entdeckt wurde die Route früher, vermutlich bis zur Säkularisation regelmäßig begangen.

Der Jakobsweg zweigt am Kloster Schäftlarn vom Münchner Jakobsweg ab und verläuft entlang der Isar nach Wolfratshausen. Später treffen Sie auf die Loisach, an der entlang Sie an Beuerberg, Eurasburg und Penzberg vorbei zum Kloster Benediktbeuern spazieren.

Von Kochel am See folgt der Anstieg bergauf zum Walchensee und weiter über das Isartal, vorbei an Wallgau und Krün nach Mittenwald. Sie wechseln auf die Tiroler Seite in das Leutaschtal und steigen anschließend hinunter ins Inntal nach Telfs. Den Abschluss bildet die Wallfahrtskirche Maria Locherboden bei Mötz. Wenig später mündet der Jakobsweg in den Tiroler Jakobsweg.

Wir halten die Route, die mitten durch eine wunderschöne Gebirgslandschaft führt, für einen der schönsten Jakobswege im süddeutschen Raum. Es beginnt schon herrlich mit dem Weg entlang der Isar. Vor allem der Abschnitt durch das Naturschutzgebiet der Pupplinger Au ist besonders schön.

Weiterer Höhepunkt ist das Kloster Benediktbeuern, das direkt vor der Gebirgskulisse von Jochberg, Herzogstand und Heimgarten liegt. Nach den beiden Gebirgsseen Kochel- und Walchensee gelangen Sie nach Wallgau. Jetzt wird es wirklich eindrucksvoll: Sie wandern von Wallgau in Richtung Süden und blicken direkt auf Karwendel- und Wettersteingebirge.

Nach dem schönen Mittenwald folgt die Wanderung durch das herrliche Leutaschtal. Noch ein Zwischenstopp in Telfs und Ihr letztes Ziel auf dem Jakobsweg, die Wallfahrtskirche Maria Locherboden, ist erreicht. Danach müssen Sie nur noch nach Mötz hinunter. Dort stoßen Sie auf den Tiroler Jakobsweg.

Für die Pilgerroute von Schäftlarn bis Santiago benötigen Sie mehrere Monate. Nicht jeder hat gleich so viel Zeit, um sich auf den langen Weg nach Santiago zu machen. So ist es auch manchmal ein Genuss, nur einige wenige Tage auf dem

Jakobsweg zu gehen und Abstand vom hektischen Alltag zu bekommen. Wer ein andermal mehr Zeit hat, kann wieder an die Strecke anknüpfen und mehrere Etappen weiterwandern. So erreicht man über einige Jahre hinweg das Ziel in Spanien!

Pilgerausweis

Das wichtigste Dokument des Pilgers war der Pilgerausweis (spanisch: „credencial de peregrino"). Dieser Ausweis, oft verbunden mit einem Empfehlungs- und Geleitschreiben, war notwendig, um in Herbergen und Hospitälern aufgenommen zu werden. Im Norden Spaniens ist das heute noch ähnlich. Die preisgünstigen Herbergen, die auf dem Hauptweg liegen, sind nur denjenigen vorbehalten, die zu Fuß, mit dem Rad oder zu Pferd pilgern. Die Stempel im Pilgerausweis dokumentieren den zurückgelegten Weg und belegen, dass man berechtigt ist, in einer der Herbergen zu übernachten.

Auf dem in diesem Buch beschriebenen Jakobsweg zwischen Schäftlarn und Mötz ist der Ausweis zwar keine Voraussetzung, dass Sie am Weg übernachten können. Aber es ist ein schöner Brauch, sich den Stempel von bestimmten Stationen als Andenken geben zu lassen und so zu dokumentieren, welche Etappen Sie tatsächlich zu Fuß zurückgelegt haben. Wir haben die jeweiligen Stempelstellen im Buch aufgeführt.

Den Link zu der Liste finden Sie im Internet unter

💻 www.auf-dem-jakobsweg.info/service/pilgerurkunde/

Der Verein zur Förderung des Jakobsweges Isar - Loisach - Leutascher Ache - Inn e.V. gibt eine Broschüre heraus. Auf den Seiten 40-42 finden Sie Stempelfelder zum Abstempeln mit dem Pilgerstempel.

Wenn Sie mindestens 10 verschiedene Pilgerstempel nachweisen, erhalten Sie eine Urkunde als Nachweis für Ihre Wanderung.

Die Broschüre und die Urkunde erhalten Sie hier:

♦ Verein zur Förderung des Jakobsweges Isar - Loisach - Leutascher Ache - Inn e. V., Bahnhofstraße 6, 82431 Kochel am See, ✉ mail@auf-dem-jakobsweg.info, 💻 www.auf-dem-jakobsweg.info/service/pilgerurkunde/

Weiterhin können Sie einen Pilgerausweis bei der Deutschen St. Jakobus-Gesellschaft beantragen, ☞ Adresse unter Reise-Infos von A bis Z, Information.

Die Jakobsmuschel

Die Jakobsmuschel galt als Zeichen für die Pilgerschaft nach Santiago und diente auch als Nachweis, dass man das ferne Ziel erreicht hatte. Von Santiago aus wanderten viele Pilger weiter in das 60 km entfernte Kap Finisterre - das Ende der Welt - wo man die Muschel am Strand finden konnte. Später wurden Jakobsmuscheln auch in Santiago verkauft und waren somit eine wichtige Einnahmequelle für den Wallfahrtsort.

Der Legende nach ritt ein spanischer Adeliger einst dem Schiff entgegen, das mit dem Leichnam des Jakobus nach Spanien einlief. Er stürzte und versank im Meer. Vermutlich wäre er ertrunken, wenn nicht der heilige Jakob ihn persönlich aus den Fluten gerettet hätte. Als er jedoch dem Wasser entstieg, war sein Körper mit Jakobsmuscheln bedeckt. Deshalb tragen Pilger Jakobsmuscheln als Symbol des Schutzes bei sich. Sie gilt unter den Wanderern als Erkennungszeichen und dient gleichzeitig auch zum Schöpfen und Trinken von frischem Wasser. In der christlichen Symbolik bedeutete die Muschel, dass der heilige Jakob den Pilger zu den Quellen Gottes führen möge. Papst Benedikt hatte die Jakobsmuschel bei seinem Amtsantritt 2005 auch in sein Wappen aufgenommen und stellte sich damit selbst als Pilger Gottes dar.

Pilgersegen

Den Pilgersegen bekommt man eigentlich vor dem Aufbruch zur Pilgerreise. Daher empfiehlt es sich, in seiner Heimatgemeinde nachzufragen.

Das Heilige Jahr

Seit 1122 feiert Santiago de Compostela das Heilige Jahr. Papst Calixtus II. rief in diesem Jahr den Jubiläumsablass in der Kirche des heiligen Jakobus aus. Das Heilige Jahr wird seither immer dann gefeiert, wenn der Jakobstag, der 25. Juli, auf einen Sonntag fällt. Wer in einem Heiligen Jahr zum Grab des Jakobus pilgert, erhält einen vollständigen Ablass der Sünden. Zahlreiche Veranstaltungen in Santiago de Compostela finden dann zu Ehren des Patrons von Spanien statt. In den Jubeljahren sind immer besonders viele Pilger und Touristen unterwegs. 2010 war das letzte Heilige Jahr. Das nächste Heilige Jahr wird erst wieder 2021 gefeiert. Danach folgt das Jahr 2027 als Heiliges Jahr.

Reise-Infos von A bis Z

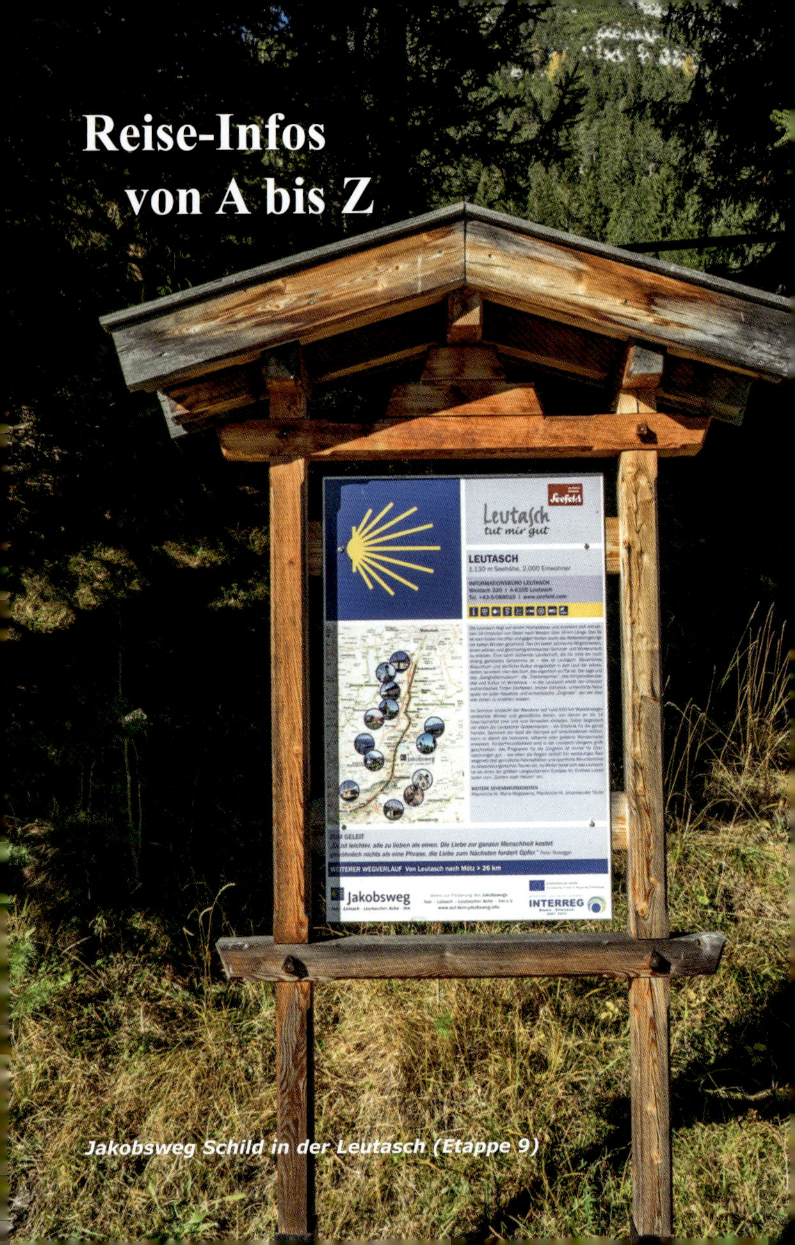

Jakobsweg Schild in der Leutasch (Etappe 9)

An- und Rückreise

Für die Begehung des Jakobsweges Isar-Loisach-Leutasch-Inn empfiehlt es sich, die Anreise mit öffentlichen Verkehrsmitteln zu unternehmen. Zentraler Anlaufpunkt ist die bayerische Landeshauptstadt München.

München ist von Westen über die A8 und von Norden über die A9 an den Fernverkehr angebunden, so dass die Stadt aus den übrigen Regionen Deutschlands sehr gut erreicht werden kann. Parken in München während der Pilgerreise ist schwierig bzw. sehr teuer. Daher empfiehlt es sich von München auf der A95 in Richtung Garmisch-Partenkirchen bis zur Ausfahrt Schäftlarn zu fahren. Über Hohenschäftlarn folgen Sie den Wegweisern bis zum Kloster Schäftlarn. Hinter dem Kloster, vor dem Gasthaus Brückenfischer befindet sich ein gebührenfreier Parkplatz, auf dem Sie Ihr Auto während der Pilgerreise abstellen können.

Der Hauptbahnhof von München ist Knotenpunkt vieler IC- und ICE-Verbindungen, außerdem ist er Haltepunkt für zahlreiche Regionalzüge aus der näheren Umgebung und ermöglicht eine bequeme Anreise aus allen Richtungen auch per Bahn.

Nordöstlich von München liegt der Flughafen „Franz Josef Strauß". Er zählt zu den größten Luftfahrt-Drehkreuzen Europas und wird von vielen innerdeutschen Flughäfen angeflogen. Über die S-Bahn (Linien S1 und S8 im 10-Minuten-Takt) besteht eine schnelle Anbindung zum Münchner Hauptbahnhof. Die Fahrzeit beträgt ungefähr 45 Minuten.

Idealerweise fahren Sie vom Hauptbahnhof in München mit der S-Bahn (Linie S7) in 30 Minuten nach Hohenschäftlarn. Von dort können Sie mit dem Bus der Linie 961 (mehrmals täglich) zum Kloster Schäftlarn weiterfahren. Alternativ können Sie die S-Bahn auch bis Ebenhausen benutzen und zu Fuß in 1 Kilometer zum Startpunkt des Jakobsweges am Kloster wandern.

Auf Schusters Rappen erreichen Sie den Jakobsweg Isar - Loisach - Leutascher Ache - Inn über den Münchner Jakobsweg. Dabei handelt es sich um die erste Etappe von München zum Kloster Schäftlarn. Die Etappe führt von München die ganze Zeit an der Isar entlang. Mit 23 Kilometern ist die Etappe deutlich länger als alle in diesem Buch vorgeschlagenen Etappen. Details entnehmen Sie dem Jakobswegführer von Christiane Haupt:

Haupt Christiane, **Jakobsweg München - Lindau**, Conrad Stein Verlag, Der Weg ist das Ziel, ISBN 978-3-86686-486-3

Für die Rückreise vom Ende des Jakobsweges im Tiroler Inntal fahren Sie vom Bahnhof in Staudach bei Mötz mit der S-Bahn nach Innsbruck und von dort mit der Bahn wieder zurück nach München. Falls Sie beim Kloster Schäftlarn geparkt haben, benutzen Sie die S-Bahn (Linie S7) nach Hohenschäftlarn. Vom Bahnhof fahren Sie mit dem Bus der Linie 961 zum Kloster.

Alternativ können Sie auf dem Tiroler Jakobsweg weiter nach Vorarlberg und in die Schweiz wandern. Details für den Weiterweg entnehmen Sie dem Jakobswegführer von Reinhard Dippelreither:

Dippelreither Reinhard, **Österreich: Jakobsweg**, Conrad Stein Verlag, Der Weg ist das Ziel, ISBN 978-3-86686-418-4

Die lokalen Busfahrpläne erhalten Sie unter:

- Münchner Verkehrs- und Tarifverbund GmbH, Thierschstraße 2, 80538 München, ☏ 08 00/344 22 66 00, info@mvv-muenchen.de, www.mvv-muenchen.de
- Regionalverkehr Oberbayern GmbH, Hirtenstraße 24, 80335 München, ☏ 089/55 16 40, auskunft@rvo-bus.de, www.rvo-bus.de
- RBA Regionalbus Augsburg GmbH, Eichleitnerstraße 17, 86199 Augsburg, ☏ 08 21/50 21 50, kontakt@rba-bus.de, www.rba-bus.de
- Verkehrsverbund Tirol GesmbH, Sterzinger Straße 3, 6020 Innsbruck, ☏ 0043/(0)512/56 16 16, info@vvt.at, www.vvt.at

Die Fahrplanauskunft der Deutschen Bahn erhalten Sie unter

www.bahn.de.

Ausrüstung

Um den Jakobsweg vollauf genießen zu können, sollten Sie in die Vorbereitung ein wenig Zeit investieren und überlegen, ob Sie mit Ihrer Ausrüstung viele Stunden am Tag bequem unterwegs sein können.

Der Rucksack sollte gut am Rücken sitzen, ohne Druckstellen zu verursachen. Für eine Mehrtagestour brauchen Sie einen Rucksack mit gutem Tragesystem. Übertreiben Sie es nicht mit dem Volumen und damit dem Gewicht. 40 Liter sollten reichen, wer einen Schlafsack und eine Isomatte zur Übernachtung in Pilgerherbergen mitnimmt, sollte mit 50 Litern auskommen.

Lassen Sie sich am besten in einem guten Bergsportgeschäft beraten, denn Tragegestelle, Material etc. sind heute sehr unterschiedlich und man sollte sich aus den verschiedenen Modellen ein Fabrikat heraussuchen, das gut zur eigenen Körperform passt. Häufig können Sie sich bei der Kaufberatung Gewichte in den

Rucksack geben lassen, so dass Sie vor dem Kauf ein Gefühl dafür bekommen, wie bequem sich der Rucksack tragen lässt, wenn er 10 bis 15 kg schwer ist.

Eine Regenhaube, die manchmal auch schon im Rucksack integriert ist, hält Ihr Gepäck bei Regen trocken. Sollte dem nicht so sein, dann besorgen Sie sich noch einen passenden Regenschutz für den Rucksack. Nichts ist unangenehmer, als wenn man abends in der Herberge feststellen muss, dass seine Habe feucht geworden ist.

Outdoorbekleidung aus modernen Fasern ist strapazierfähig, leicht und trocknet extrem schnell. Sie sollten einkalkulieren, dass Sie öfter waschen müssen, denn das gesamte Gepäck für 12 Tage Fußmarsch können Sie unmöglich auf Ihren Schultern tragen. Dabei sollten Sie die Kleidung und Wäsche unter dem Aspekt auswählen, dass sie leicht ist, schnell trocknet und bequem zu tragen ist. Wirklich nur das Notwendigste bei sich zu tragen, auszuwählen, was einem wichtig ist und auf was man verzichten kann, diese Erfahrungen gehören mit zu den einprägsamsten Eindrücken auf dem Jakobsweg.

Regenbekleidung ist unverzichtbar. Nichts ist schlimmer, als wenn Sie einen Schauer abbekommen und für den Rest des Tages nasse Kleidung am Leib tragen. Es hat sich gezeigt, dass es sinnvoll ist, eine wasserdichte Goretex-Jacke mitzunehmen. Diese hält warm, schützt vor Wind und reicht bei leichtem Nieselregen völlig aus.

Einen Schlafsack brauchen Sie für den Jakobsweg Isar - Loisach - Leutascher Ache - Inn nur, wenn Sie vorhaben, im Freien oder in den wenigen Jugendherbergen am Weg zu übernachten. Ansonsten übernachten Sie ja in Hotels oder Privatunterkünften. Auch auf ein großes Handtuch im Gepäck können Sie verzichten. Sollten Sie allerdings planen, in die Schweiz weiterzuwandern, empfiehlt es sich, einen Schlafsack dabeizuhaben. Denn in der Schweiz gibt es viele günstige Unterkünfte - wie z. B. „Schlafen im Stroh" -, in denen Sie auf einen Schlafsack nicht verzichten sollten.

Die Wanderschuhe sollten gut passen, knöchelhoch sein und eine stabile Sohle aufweisen. Abraten müssen wir von Sandalen oder Turnschuhen. Diese sind für Wanderungen nicht geeignet.

Am wichtigsten ist es, Blasen vorzubeugen, denn wenn die Füße erst einmal wund sind, wird das Wandervergnügen oft zur Qual. Die wichtigsten Tipps zur Vorbeugung sind, nur eingelaufene Schuhe und möglichst speziell gepolsterte Socken oder Strümpfe ohne Nähte zu tragen. Pflegen Sie Ihre Füße auf dem

Jakobsweg gut und halten Sie sie trocken. Nicht nur bei großer Hitze ist es ratsam, während der Pause die Schuhe auszuziehen und die Socken trocknen zu lassen. Ein kaltes Fußbad an einem Fluss kühlt zwar vorübergehend, lässt jedoch die Haut aufquellen und somit das Blasenrisiko ansteigen. Jakobspilger tauschen sich auf dem Weg und in den Herbergen gerne über ihre Erfahrung aus, was Blasen vermeiden lässt. Sinnvoll ist es in jedem Fall - ob Sie zu Blasen neigen oder nicht -, vorbeugend ein paar spezielle Blasenpflaster einzupacken. Das Blasenpflaster hält unserer Erfahrung nach am besten, wenn es zusätzlich noch mit Leukoplast festgeklebt und dann mehrere Tage nicht abgenommen wird. Dann kann die Blase schnell verheilen.

Ein Wanderstock entlastet die Gelenke und stützt, wenn man Gewicht auf dem Rücken tragen muss. Die Erfahrung zeigt, dass zwei leichte Teleskopstöcke am besten sind. Ihre Länge kann individuell angepasst werden. Man kann sie auch Platz sparend am bzw. im Rucksack verstauen.

Achten Sie darauf, dass Sie von allem nur das Nötigste mitnehmen und keine Vorräte mitschleppen. Überall am Weg können Sie einkaufen und notfalls auch Ihre Kosmetikartikel ergänzen.

📖 Dapprich, Stefan, **Trekking ultraleicht**, Conrad Stein Verlag, Basiswissen für draußen Band 184, ISBN 978-3-86686-422-1

Packliste (inklusive der Dinge, die Sie anziehen):

- ☐ Rucksack mit gutem Tragesystem 40 - 50 l
- ☐ Regenhülle für den Rucksack
- ☐ Regenjacke aus Goretex, möglichst leicht
- ☐ Wanderhose. Praktisch ist eine Hose mit aufgesetzter Beintasche, dann haben Sie die Wanderkarte und den Wanderführer immer griffbereit
- ☐ eine leichte Ersatzhose
- ☐ Wanderhemd und/oder -shirt, je nach Temperaturen/Jahreszeit lang- oder kurzärmelig
- ☐ Wanderschuhe, evtl. leichte Ersatzschuhe für abends
- ☐ ein bis zwei Hemden bzw. Shirts
- ☐ Fleecepullover
- ☐ Unterwäsche
- ☐ zwei bis drei Paar Wandersocken
- ☐ Mütze, Handschuhe (Winter), Sonnenhut (Sommer)
- ☐ Wanderstöcke
- ☐ Schlafanzug (bei Bedarf)
- ☐ Badehose, -anzug

- ☐ Geld, EC- und Kreditkarte, Ausweis, Krankenkassenkarte, Pilgerausweis, Jugendherbergsausweis, Bahncard, Fahrkarten. Überflüssige Karten lassen Sie zu Hause.
- ☐ Wanderkarten, diesen Wanderführer
- ☐ Taschenmesser
- ☐ Erste-Hilfe-Paket (siehe Abschnitt Erste Hilfe)
- ☐ Zahnbürste und -creme, Kamm oder Haarbürste, Fußcreme, Duschgel und Shampoo
- ☐ Handtuch, Waschlappen
- ☐ Seidenschlafsack für Jugendherbergen
- ☐ Taschenlampe oder Stirnlampe
- ☐ Kompass, besser GPS-Gerät
- ☐ Fotoapparat (inkl. Ladegerät, zweitem Akku und Speicherkarten)
- ☐ evtl. Regenschirm
- ☐ Sonnenbrille
- ☐ Handy und Ladegerät
- ☐ Verpflegung für die Anfahrt, evtl. auch für unterwegs
- ☐ Wasserflasche (mind. 1 Liter) oder Getränkesack

Einkaufen

In den kleinen Ortschaften, die man auf dem Jakobsweg passiert, öffnen die Geschäfte meist zwischen 8:00 und 9:00 und haben in der Regel bis 18:00 geöffnet. Am Samstag schließen die Geschäfte auf dem Land um 12:00.

Decken Sie sich also immer rechtzeitig mit Verpflegung ein.

Erste Hilfe

Jeder Wanderer sollte in der Lage sein, einfache Verletzungen selbst zu versorgen. Zu einer eigenen Ausstattung sollten Pflaster, spezielles Blasenpflaster, Leutkotape, Rettungsdecke, Nagelschere, Desinfektionsmittel, infektionshemmende Salbe und Verbandmaterial gehören. Zudem sollten Sie Insekten- und Sonnenschutz, sowie Toilettenpapier für den Notfall mitnehmen. Ebenfalls sollten Sie an mögliche persönliche Medikamente denken. Häufig gibt es im Fahrradhandel oder im Sportgeschäft kleine Beutel, in denen Sie das Wichtigste für die Erste Hilfe schon gut sortiert vorfinden.

Die Notrufnummer ☏ 112 sollten Sie auf jeden Fall im Kopf haben. Wir finden es sehr ratsam, ein Mobilfunktelefon mit dabeizuhaben, um im Fall der Fälle schnell Hilfe rufen zu können.

Im Notfall heißt es Ruhe bewahren und an die fünf „Ws" zu denken:

- ▷ Wo geschah der Notfall?
- ▷ Was passierte?
- ▷ Wie viele Personen sind betroffen?
- ▷ Welche Art von Notfall liegt vor?
- ▷ Warten auf Rückfragen!

Ärzte und Apotheken finden Sie in der Regel nur in größeren Ortschaften, Krankenhäuser meist nur in der jeweiligen Kreisstadt.

Wichtig ist auch, dass Sie genügend zu trinken dabeihaben. Zwei Liter sollten Sie tagsüber auf jeden Fall trinken. Zu wenig Flüssigkeit kann schnell zu Leistungsabfall bzw. zu Kreislaufschwierigkeiten führen.

Fahrradfahrer

Offiziell bekommt jeder, der Santiago de Compostela erreicht und nachweislich mehr als 200 km mit dem Fahrrad zurückgelegt hat, die Urkunde „Compostela". Vor allem der nördliche Teil des Jakobsweges ist sehr gut mit dem Fahrrad befahrbar. Am Kesselberg ist ein etwas längerer, anstrengender Anstieg zu bewältigen. Im Bereich der Leutaschklamm und am Ende der Leutasch muss auf nahe gelegene Straßen oder Radwege ausgewichen werden. Wir haben die entsprechenden Abschnitte im Text beschrieben.

Gerade für die genannten Abschnitte sollten Sie ein Tourenfahrrad benutzen. Ein Mountainbike ist nicht erforderlich.

Beim Gepäck sollten Sie auch beim Fahrradfahren auf das Gewicht achten. Für den Transport empfehlen sich Satteltaschen, so dass Sie nicht alles auf dem Rücken transportieren müssen.

Über das Radwegenetz kann man sich sehr gut beim Bayerischen Staatsministerium für Landesentwicklung und Umweltfragen informieren. Das Ministerium hat eine Radkarte mit allen Fernradwegen in Bayern herausgegeben, die Sie im Internet kostenlos bestellen können, 💻 www.bayerninfo.de/rad.

Geld

Kreditkarten werden nicht in jeder Unterkunft akzeptiert. In der Regel nur in den Hotels in den Tourismusregionen. Das Bezahlen mit EC-Karte ist hingegen meistens kein Problem, sehr gerne wird aber vor allem Bargeld angenommen. Geldautomaten finden Sie in den größeren Orten am Weg. Am häufigsten gibt es Sparkassen und Raiffeisenbanken.

Gepäcktransport

Zu den wesentlichen Erfahrungen auf dem Jakobsweg gehört eigentlich, dass man nur so viel Gepäck bei sich hat, wie man selbst tragen kann. Nichtsdestotrotz gibt es Wanderer, denen das schwere Gepäck zu schaffen macht und die aus gesundheitlichen Gründen selbst nicht mehr viel tragen dürfen. Leider gibt es aktuell noch keinen Veranstalter, der Ihr Gepäck transportiert. Manchmal übernehmen Unterkünfte diesen Service - fragen Sie einfach nach.

GPS

Die GPS-Tracks zu den in diesem Buch beschriebenen Wanderungen können Sie unter http://gps.conrad-stein-verlag.de/379JakobswegIsar01mj02.zip herunterladen.

Wenn Sie diese URL in Ihrem Internetbrowser eingegeben haben (bitte auf Groß- und Kleinschreibung achten), öffnet sich entweder ein Downloadfenster oder es startet direkt ein Download. Ist Letzteres der Fall, finden Sie die GPS-Tracks (als ZIP-Datei) kurz darauf in Ihrem Download-Ordner. Mit einem Programm wie Winzip können Sie die Datei ganz einfach entpacken.

Hunde auf dem Jakobsweg

Generell ist ein Pilgern mit Hund gut möglich. Gerade zu Beginn, im nördlichen Teil des Jakobsweges, verläuft die Route vorwiegend auf geteerten Abschnitten. Somit ist der Untergrund für die Hunde mitunter etwas anstrengend. Die Etappen dagegen sind nicht extrem lang, so dass ein Hund diese ohne größere Probleme schaffen sollte. Achten Sie bitte darauf, Wasser für Ihren Hund mitzunehmen, Sie finden eher selten Trinkmöglichkeiten.

Auch bei den Übernachtungsmöglichkeiten wird man nicht überall mit seinem vierbeinigen Freund unterkommen. Deshalb empfiehlt es sich, vor Antritt der Pilgerwanderung mit jeder Unterkunft zu klären, ob ein Hund willkommen ist.

Informationen und Internet-Links

Allgemeine touristische Informationen erhalten Sie bei

- Bayern Tourismus, Leopoldstraße 146, 80804 München, ☏ 089/212 39 70, ✉ tourismus@bayern.info, 💻 www.bayern.by
- Tirol Tourismus, Maria-Theresien-Straße 55, 6020 Innsbruck, ☏ 0043/(0)512/532 00, ✉ info@tirol.at, 💻 www.tirol.at

An vielen Orten erhalten Sie Auskünfte von den kommunalen Fremdenverkehrsämtern. Im Text sind sie mit dem Symbol ℹ gekennzeichnet. Hier erhalten Sie Material über Sehenswürdigkeiten, Landkarten und (weitere) Übernachtungsmöglichkeiten.

Durch die anhaltende Popularität, die der Jakobsweg genießt, gibt es inzwischen zahlreiche Jakobusgesellschaften und -vereine. Der Jakobsweg Isar-Loisach-Leutascher Ache - Inn wird vom gleichnamigen Verein betreut.

♦ Verein zur Förderung des Jakobsweges Isar - Loisach - Leutascher Ache - Inn e. V., Bahnhofstraße 6, 82431 Kochel am See, ☏ 088 51/392, ✉ mail@auf-dem-jakobsweg.info, 💻 www.auf-dem-jakobsweg.info

Weitere Gesellschaften sind:

(D) Deutsche St. Jakobusgesellschaft e. V., Tempelhofer Straße 21, 52068 Aachen, ☏ 02 41/479 01 27, FAX 02 41/479 01 12, 💻 www.deutsche-jakobus-gesellschaft.de

♦ Verein Jakobuswege e. V., Notre Dame 1, 85072 Eichstätt, ☏ 084 21/98 76 31, ✉ info@jakobuswege-d.eu, 💻 www.jakobuswege-d.eu

♦ Pilger vom Weg nach Santiago de Compostela e. V., Deutschmeisterring 101, 86609 Donauwörth, ☏ 09 06/66 45, ✉ pilger-vom-weg@t-online.de, 💻 www.pilger-vom-weg.de

(A) Österreichische Jakobusgesellschaft, Großvolderbergstraße 16A, A-6111 Volders

(CH) Schweizerische Vereinigung der Freunde des Jakobsweges „Amis de Chemin de Saint-Jaques", Sekretariat (Deutsch-Schweiz): Schanzenweg 5, CH-4132 Muttenz, ☏ (00 41) (0)7 63 19/45 66, ✉ sekretariat.de@viajacobi4.ch, 💻 www.viajacobi4.ch

Klima und Reisezeit

Grundsätzlich kann man das ganze Jahr pilgern. Allerdings ist wohl die Zeit zwischen Mai und Anfang Oktober die beste Pilgerzeit. Der typische Pilgermonat ist der Mai, viele gehen auch am Pfingstwochenende los. Der Vorteil im Frühsommer liegt auf der Hand: Es ist noch nicht zu heiß zum Wandern und möglicherweise regnet es auch nicht zu viel. Leider ist es gerade um Pfingsten häufig in den Herbergen voll, sodass man seine Übernachtungen vorbuchen sollte.
Gleiches gilt auch für die Ferien in den Sommermonaten. In dieser Zeit ist es auch oft ziemlich heiß, sodass die Etappen teilweise ganz schön anstrengend sein können.

Eine wunderbare Jahreszeit für diesen Jakobsweg ist der Herbst. Sie wandern dann durch die schönen Gebirgslandschaften mit ihren bunt gefärbten Wäldern.

Im Winter kann es in den Alpen wegen Schnee und Nebel mitunter schwer sein, den Wegmarkierungen zu folgen. Zudem sind einzelne Etappen, gerade im Gebirge, etwas mühsam, sodass wir die Begehung nicht empfehlen.

Landkarten und Wegmarkierungen

Der Jakobsweg Isar - Loisach - Leutascher Ache - Inn ist durchweg gut beschildert. Trotzdem sollten Sie auf Kartenmaterial nicht verzichten. Falls Sie sich verlaufen oder mal eine Markierung fehlt, sind Sie mit den Karten auf der sicheren Seite.

Es gibt aktuell keine eigene Karte zum Jakobsweg. Da der Weg sehr gut ausgeschildert ist, reichen einfache Wanderkarten. Wir sind mit den Karten des Kompass Verlages sehr gut zurechtgekommen. Darin ist teilweise der Verlauf des Jakobsweges eingezeichnet.

Folgende Blätter decken den Weg komplett ab.

- Kompass Karte 1:50.000, Blatt 180 Starnberger See, Ammersee, € 9,99
- Kompass Karte 1:50.000, Blatt 7 Murnau, Kochel, € 9,99
- Kompass Karte 1:50.000, Blatt 5 Wettersteingebirge, Zugspitzgebiet, € 9,99
- Kompass Karte 1:50.000, Blatt 35 Imst, Telfs, Kühtai, Mieminger Kette, € 9,99

Sehr genau sind die Karten des Bayerischen Landesvermessungsamtes, die den bayerischen Teil sehr gut abdecken. Dabei benötigen Sie folgende Kartenblätter:

- Topographische Karte 1:50.000, Blatt UK50-41 Ammersee - Starnberger See, € 8,90
- Topographische Karte 1:50.000, Blatt UK50-52 Tölzer Land - Starnberger See, € 8,90
- Topographische Karte 1:50.000, Blatt UK50-50 Werdenfelser Land - Ammergauer Alpen, € 8,90

i Landesamt für Vermessung und Geoinformation, Alexandrastraße 4, 80538 München, ☏ 089/21 29-11 11 ✉ service@geodaten.bayern.de, 💻 www.vermessung.bayern.de

Für den österreichischen Teil ist eine Karte des Alpenvereins eine sehr gute Ergänzung.

- Alpenvereinskarte 1:25.000, Blatt 4/3 Wetterstein- und Mieminger Gebirge Ost, € 9,80

Der gesamte Jakobsweg ist einheitlich mit blaugelben Schildern, die das Jakobswegsymbol (gelbe Muschel auf blauem Grund) zeigen, gekennzeichnet.

Weiterhin finden Sie am Ortseingang jeder Kommune eine Informationstafel zu den Sehenswürdigkeiten und der touristischen Infrastruktur des Ortes.

Jakobsweg-Markierung in Promberg

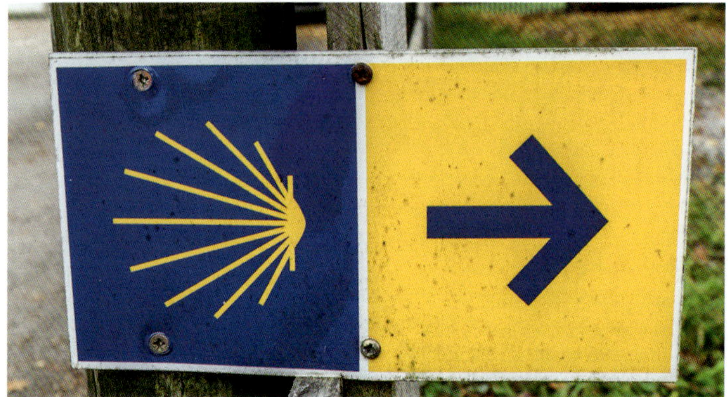

Unterkunft

Entlang des Weges gibt es eine breite Palette von Übernachtungsmöglichkeiten in verschiedenen Preisklassen. Da es sich aber bei einigen Regionen um Ferienziele handelt, ist anzuraten, in den Schulferien die Übernachtungen im Voraus zu buchen.

Bei der Auswahl der in diesem OutdoorHandbuch angegebenen Übernachtungsmöglichkeiten wurde Wert darauf gelegt, Unterkünfte in unterschiedlichen Preiskategorien aufzunehmen, sowie darauf, dass sämtliche Unterkünfte nahe am Jakobsweg liegen und Sie nicht weit von der Strecke abweichen müssen, um die abendliche Unterkunft zu erreichen. Selbstverständlich handelt es sich hier nur um eine kleinere Auswahl der Übernachtungsmöglichkeiten am Weg, die keinen Anspruch auf Vollständigkeit erhebt.

Informationen zu weiteren Übernachtungsmöglichkeiten erhalten Sie in den Fremdenverkehrsämtern, die im Reiseteil unter **i** zu finden sind.

Ein Verzeichnis pilgerfreundlicher Betriebe am Jakobsweg Isar - Loisach - Leutascher Ache - Inn finden Sie unter 💻 www.auf-dem-jakobsweg.info/service/fragen-antworten/. Auf dieser Seite gibt es ein pdf zum Download. Diese pilgerfreundlichen Unterkünfte sind vor Ort durch ein Schild gekennzeichnet und im Buch mit dem Begriff „pilgerfreundlich" versehen.

Pilgerfreundliche Betriebe erfüllen die Kriterien der Checkliste von Jakobuswege e. V. Die Checkliste finden Sie unter 💻 www.jakobuswege-d.eu/news-lesen/items/selbst-checkliste-pilgerfreundliche-betriebe.html

Pilgerherbergen

Die klassische Herberge, die viele Pilger aus Spanien kennen, findet man auf dem Jakobsweg Isar - Loisach - Leutascher Ache - Inn nicht. Die einzige Unterkunft in einem Kloster finden Sie in Benediktbeuern.

Private Zimmervermietung

In den Fremdenverkehrsregionen vermieten auch viele Privatleute Zimmer. Diese sind häufig billiger als Hotels bzw. Gasthöfe und oft wesentlich persönlicher. Viele der Vermieter am Weg haben inzwischen einige Pilger kennengelernt und erzählen zum Abendessen oder Frühstück manchmal nette Anekdoten über ihre Hotelgäste oder geben Tipps für den Weg.

Jugendherbergen

Voraussetzung für eine Übernachtung in einer Jugendherberge ist die Mitgliedschaft im DJH. Wer Mitglied des Verbandes werden will, kann den Antrag ganz einfach im Internet ausfüllen und absenden.

▷ DJH Services 💻 www.jugendherberge.de

Die Mitgliedschaft kostet für junge Erwachsene bis zum 26. Lebensjahr € 7, ab 27 Jahren sowie für Familien, Ehepaare und eheähnliche Gemeinschaften € 22,50 im Jahr.

Die Mitgliedskarte ist ab dem 1. Oktober eines Jahres bis zum 31. Januar des übernächsten Jahres, also maximal 16 Monate, gültig. Mitgliedskarten, die vor dem 1. Oktober beantragt werden, haben nur bis zum 31. Januar des folgenden Jahres Gültigkeit.

In den bayerischen Jugendherbergen werden Einzelgäste ab dem 27. Lebensjahr nachrangig aufgenommen. Diese Altersbeschränkung gilt selbstverständlich nicht für Gruppenleiter sowie für Familien mit mindestens einem minderjährigen Kind.

Da es auf der gesamten beschriebenen Wegstrecke nur sehr wenige Campingplätze gibt, lohnt die Mitnahme eines Zeltes nicht.

Updates

Der Conrad Stein Verlag veröffentlicht Updates zu diesem Buch, die direkt von den Autoren oder von den Lesern dieses Buches stammen. Bitte suchen Sie vor Ihrer Abreise auf der Verlags-Homepage www.conrad-stein-verlag.de diesen Titel. Unter dem Link „mehr lesen" finden Sie alle wichtigen Informationen.

Der links abgebildete QR-Code führt Sie direkt zu der richtigen Seite.

Zum Gebrauch des Reiseteils

Im Reiseteil wird der gesamte Weg von Schäftlarn bis nach Mötz im Inntal in 12 Etappen beschrieben.

Die Etappen weichen teilweise von den durch den Förderverein vorgeschlagenen Etappen ab. Sie sind so gewählt, dass man den Weg an einem Tag bewältigen kann. Die Start- und Zielorte sind meistens ganz gut mit öffentlichen Verkehrsmitteln zu erreichen. So soll Ihnen für den Fall, dass Sie nicht die gesamte Streckenlänge am Stück bewältigen wollen, der Aus- bzw. Einstieg auf verschiedenen Abschnitten des Weges ermöglicht werden.

Bei der Auswahl der Tagesetappen wurde darauf geachtet, dass in den jeweiligen Zielorten möglichst unterschiedliche Übernachtungsmöglichkeiten vorhanden sind. Selbstverständlich wurden auch solche Orte als Endpunkte gewählt, die besondere touristische Highlights anzubieten haben.

Die hier vorgestellten einzelnen Etappen sind allerdings nur als Vorschläge zu verstehen. Selbstverständlich ist es jedem selbst überlassen, je nach Lust und Laune andere Start- und Zielorte zu wählen, vielleicht kürzere oder auch längere Einheiten pro Tag zu bewältigen. Daher werden auch Übernachtungsmöglichkeiten im Verlauf der Streckenabschnitte genannt, damit die Länge der jeweiligen Route von jedem frei gewählt werden kann. Die Kilometerangaben bei den Angaben zu den Ortschaften im Reiseteil beziehen sich immer auf die Strecke vom Beginn der Etappe.

Am Anfang jeder Tagesetappe finden Sie eine detaillierte Wegbeschreibung. Bei allen größeren Orten auf der Etappe werden Tourist-Informationen, öffentlicher Nahverkehr und Übernachtungsmöglichkeiten genannt. Alle Angaben zu den Sehenswürdigkeiten finden Sie nach den touristischen Angaben des jeweiligen Ortes.

Der Jakobsweg Isar - Loisach - Leutascher Ache - Inn in 12 Etappen

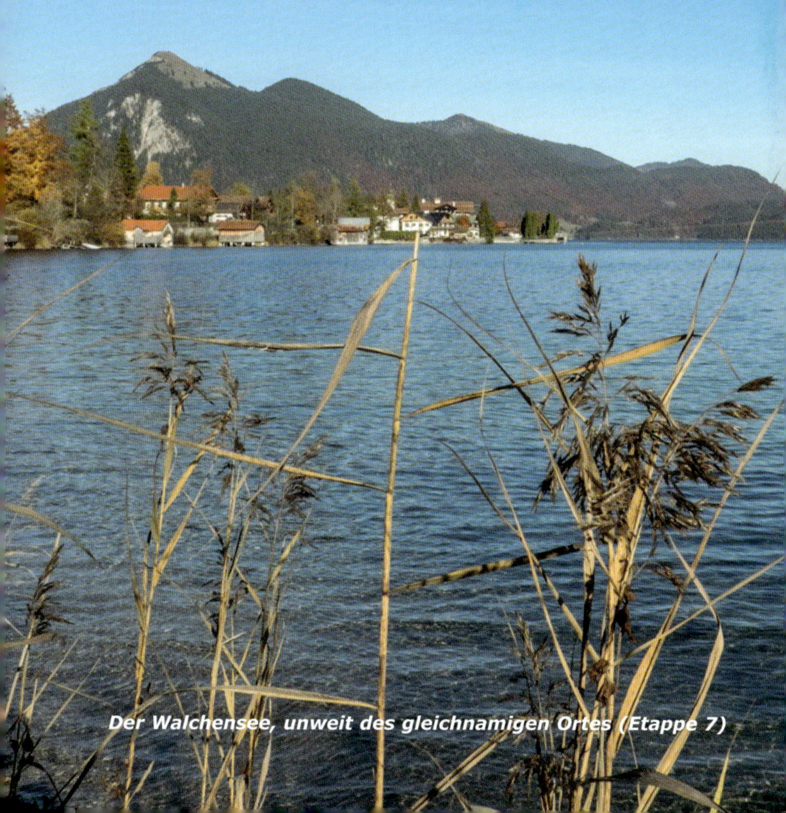

Der Walchensee, unweit des gleichnamigen Ortes (Etappe 7)

1. Von Kloster Schäftlarn nach Gelting

12,8 km, 4 Std., ↑ 80 m, ↓ 60 m, ⇧ 554-586 m

0,0 km	⇧ 564 m	Kloster Schäftlarn
3,2 km	⇧ 562 m	Aumühle
8,6 km	⇧ 582 m	Puppling
10,6 km	⇧ 584 m	Farchet
12,8 km	⇧ 586 m	Gelting

Kloster Schäftlarn ⇧ 564 m

Gemeindeverwaltung Schäftlarn, Starnberger Straße 50, 82069 Hohenschäftlarn, 081 78/93 03-0, buechler@schaeftlarn.de, www.schaeftlarn.de

Klosterbräustüberl Schäftlarn, Kloster Schäftlarn 16, 82067 Schäftlarn, 081 78/36 94, ka.kraus@t-online.de, www.klosterbraeustueberl-schaeftlarn.de, ÜF EZ € 45 EZ, ÜF DZ € 32,50 p. P.

Irmgard Ecker, Kloster Schäftlarn 22, 82067 Schäftlarn, 081 78/71 41, Preis auf Anfrage

Gasthaus zum Bruckenfischer, Dürnstein 1, 82544 Egling, 081 78/36 35, www.bruckenfischer.de. Das Gasthaus liegt direkt an der Schäftlarner Brücke, wenige Meter nach Beginn des Jakobsweges.

S-Bahn-Anschluss nach München ab Ebenhausen (ca. 1 km vom Kloster Schäftlarn entfernt)

Kloster Schäftlarn ist mit dem Bus Nr. 961 mehrmals täglich von Starnberg über Hohenschäftlarn erreichbar. Fahrplanauskunft unter www.mvv-muenchen.de

P Großer Parkplatz nach dem Kloster vor dem Gasthaus Bruckenfischer

Klosterabtei Schäftlarn, 081 78/790, www.abtei-schaeftlarn.de

Pilgerstempel: Kloster Schäftlarn Pforte und Laden

Die Gründung des Klosters erfolgte im Jahre 762 durch den Priester Waltrich. Er wurde der erste Abt der klösterlichen Gemeinschaft. Die im gleichen Jahr erbaute Kirche ist dem hl. Dionysius geweiht.

Im 10. Jahrhundert sorgten einfallende Ungarn für Unruhen und Bedrohungen, wodurch das klösterliche Leben zum Erliegen kam.

Das Kloster wurde erst im Jahre 1140 von Bischof Otto von Freising als Prämonstratenserprobstei neu eröffnet. Erster Probst wurde Engelbert von Ursberg. Im Jahre 1598 erhob Papst Clemens VIII. die Probstei zur Abtei. Trotz der zunächst folgenden geistigen und kulturellen Blütezeit verfielen die Gebäude später zunehmend. Deshalb musste das Kloster ab 1702 neu gebaut werden. Die Leitung für den Neubau übernahm der kurfürstliche Hofbaumeister Giovanni Antonio Viscardi.

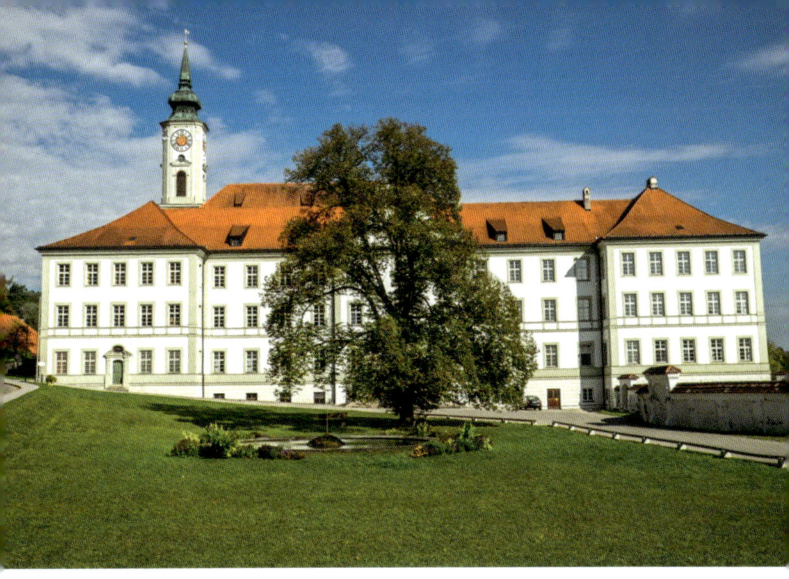

Das Kloster Schäftlarn

Der Neubau der Klosterkirche erfolgte erst in den Jahren 1733 bis 1760. Die Pläne für den Bau stammen von François de Cuvilliés dem Älteren. Der erste Bauabschnitt dauerte bis 1740, dann wurden die Bauarbeiten vorübergehend eingestellt. Erst nach dem Österreichischen Erbfolgekrieg wurde 1750 weitergebaut. Der Weiterbau der Kirche erfolgte unter der Leitung von Johann Baptist Gunetzrhainer und Johann Michael Fischer. Die für Süddeutschland typische Rokokoausstattung erhielt die Kirche ab 1754. Die Stuckaturen und Deckenfresken stammen von Johann Baptist Zimmermann, der auch die bekannte Wieskirche mitgestaltete. Die Weihe der Klosterkirche erfolgte schließlich 1760.

In den Jahren 2004 bis 2012 wurde die Kirche komplett renoviert.

Bis zur Säkularisation im Jahre 1803 wurde das Kloster von den Prämonstratensern geführt. Am 1. April 1803 erfolgte die Auflösung des Klosters.

Bereits 1866 errichtete König Ludwig I. von Bayern ein neues Benediktinerkloster. Mit der Stiftung des Klosters vergab er einen Bildungsauftrag an das Kloster - die Gründung einer „Lateinschule für Knaben". Auch heute noch befindet sich im Kloster das Benediktinergymnasium.

Am 11. Juli 1910 wurde das Kloster zur Abtei erhoben. Die Leitung übernahm Abt Sigisbert Liebert.

Die Gemeinde Schäftlarn wurde erstmals 778 urkundlich erwähnt. Den Namen Sceftilari interpretiert man als einen Ort der Schäfte, also Speerschnitzer. Leider kann man nur vermuten, dass es hier eine große Grundherrschaft mit einer Waffenschmiede gegeben haben muss. Bekannt ist, dass die Ortsteile Ebenhausen, Zell und Neufahrn schon besiedelt waren, als das Kloster in den ersten Urkunden erwähnt wurde. Die Ortsteile sind seit jeher mit dem Kloster eng verbunden.

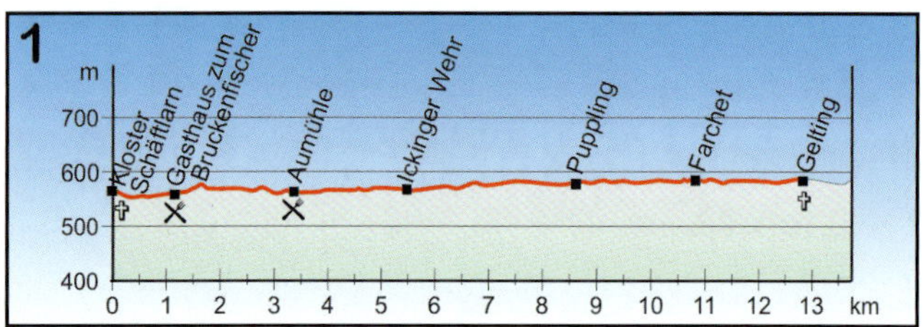

Sie starten direkt am Kloster Schäftlarn und wandern entlang der Straße in Richtung Isar. Sie treffen auf der linken Straßenseite auf das erste Schild des Jakobsweges. Direkt vor dem Gasthaus Zum Bruckenfischer befindet sich ein öffentlicher Parkplatz, auf dem Sie Ihr Auto abstellen können.

Reisen Sie mit der S-Bahn von München an, müssen Sie entweder mit dem Bus von Hohenschäftlarn anfahren oder in Ebenhausen aus der S-Bahn aussteigen (nicht Hohenschäftlarn!). Nach 1 km Fußmarsch erreichen Sie das Kloster Schäftlarn.

Vom Gasthaus Bruckenfischer folgen Sie dem Weg auf der rechten Seite der Dammkrone des Isarkanals in südlicher Richtung. Bei einer Brücke überqueren Sie den Kanal zur **Aumühle** bei Hornstein.

Aumühle

49 Ew. ⇧ 562 m

Gasthaus Aumühle, Aumühle 10, 82544 Egling, ☎ 081 78/43 51, www.gasthaus-aumuehle.de

Aumühle ist einer von 33 Orten, die zur Gemeinde Egling gehören. In dem Ort befindet sich das gleichnamige Gasthaus.

Die heutige Gemeinde Egling entstand 1973 durch den Zusammenschluss der Gemeinden Egling, Ergertshausen, Moosham, Neufahrn und Thanning. Im Jahre 1978 kamen noch Deining und Endlhausen hinzu. Erstmals urkundlich

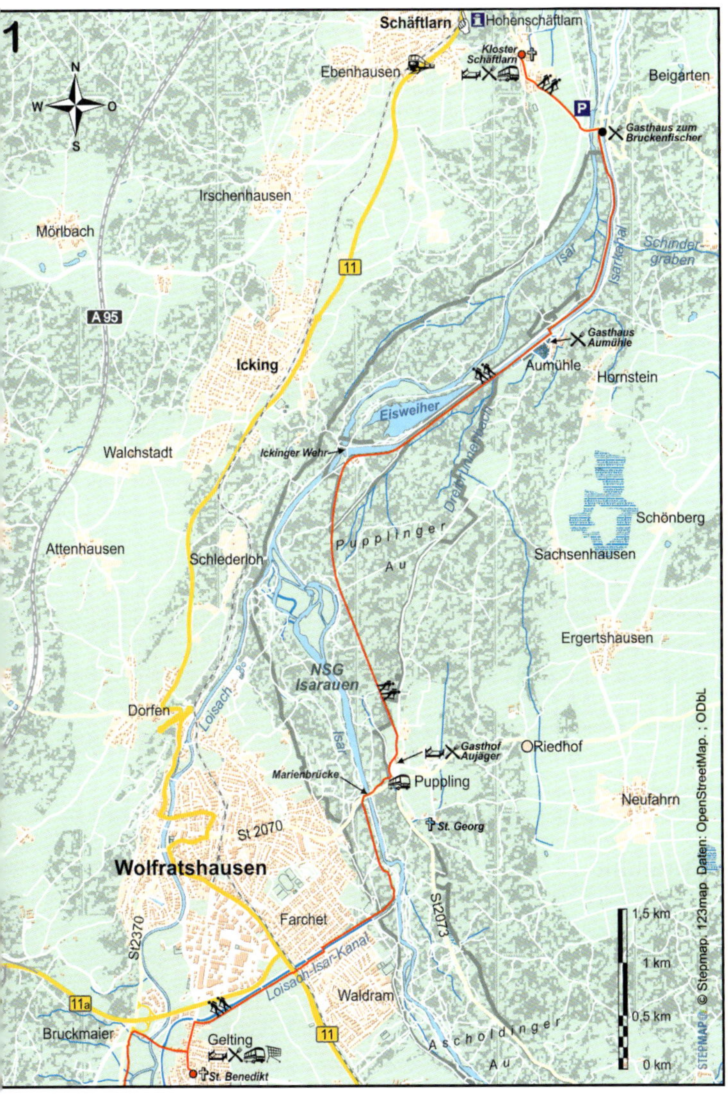
1
Schäftlarn
Hohenschäftlarn
Kloster Schäftlarn
Ebenhausen
Beigarten
Gasthaus zum Bruckenfischer
Irschenhausen
Mörlbach
Isar
Isarkanal
Schindergraben
11
A 95
Gasthaus Aumühle
Aumühle
Hornstein
Icking
Eisweiher
Ickinger Wehr
Walchstadt
Dreiquellenbach
Schönberg
Pupplinger Au
Attenhausen
Schlederloh
Sachsenhausen
Ergertshausen
NSG Isarauen
Loisach
Dorfen
Gasthof Aujäger
Riedhof
Marienbrücke
Puppling
Neufahrn
St. Georg
St 2070
Wolfratshausen
St2073
Farchet
St2370
Loisach-Isar-Kanal
Waldram
11a
Bruckmaier
Gelting
St. Benedikt
Aschol dinger Au
1,5 km
1 km
0,5 km
0 km
© Stepmap, 123map Daten: OpenStreetMap, ODbL

erwähnt wurde Egling im Jahr 804. 1818 wurde es durch die Verwaltungsreform eine selbstständige Gemeinde. Die Gemeinde hat etwas über 5.400 Einwohner.

Nach dem Gasthaus **Aumühle** wandern Sie weiter am Isarkanal entlang, ab hier aber auf der linken Talseite. Sie gelangen zum Eisweiher. Auf der anderen Uferseite liegt Icking. Sie folgen noch kurz dem Kanal, bis der Jakobsweg nach links vom Kanal wegführt. Der Weg nimmt Sie nun etwas abseits der Isar durch den herrlichen Wald der Pupplinger Au mit. Von links mündet eine Straße ein, wenig später erreichen Sie das Gasthaus Aujäger bei **Puppling**.

Puppling

⇧ 582 m

Gasthof Aujäger, Familie Dosch, Austraße 4, 82544 Egling-Puppling, ☏ 081 71/785 56, www.aujaeger-puppling.de, ÜF EZ ab € 41 EZ, ÜF DZ € ab 35 p. P.

Linie 375 oder 377 von Wolfratshausen, S-Bahn-Anschluss ab Wolfratshausen nach München (S-Bahn Linie S7), Fahrplanauskunft unter www.mvv-muenchen.de

Kirche St. Georg

Puppling ist, obwohl die Stadt Wolfratshausen direkt auf der anderen Uferseite der Isar liegt, ebenfalls ein Ortsteil der Gemeinde Egling.

Die erste Erwähnung von Puppling findet sich im frühen Mittelalter.

In Puppling, etwas abseits des Jakobsweges, gibt es eine kleine Kirche, die dem hl. Georg geweiht ist. Der erste Kirchenbau erfolgte 1690. Es handelt sich um einen einfachen Rechteckbau. Im Vorhaus ist der heilige Georg in einer Nische aufgemalt. Er sitzt auf einem Pferd und tötet dabei den Drachen. Der Hochaltar stammt aus der Zeit um 1700. Er ist mit Figuren ausgestattet, die sogar älter sind. Sie zeigen die Gottesmutter Maria, den heiligen Sebastian und die heilige Ursula.

Die Pupplinger Au, durch die Sie auf dieser Etappe wandern, ist ein gemeindefreies Gebiet. Es handelt sich dabei um einen Auwald an der Isar, der als Landschafts- und Naturschutzgebiet ausgewiesen ist. Aber auch als Naherholungsgebiet für die Stadt Wolfratshausen und die umliegenden Gemeinden hat die Pupplinger Au eine Bedeutung. Zum Schutz der Natur achten Ranger auf das Gleichgewicht zwischen den Bedürfnissen als Naherholungsgebiet und dem Naturschutz. Auf den Kiesinseln in der Pupplinger Au nisten seltene Vögel wie die Fluss-Seeschwalbe.

Bei **Puppling** treffen Sie auf die Staatsstraße St2070, die von Egling nach Wolfratshausen führt. Sie wandern entlang der Bundesstraße nach rechts zur

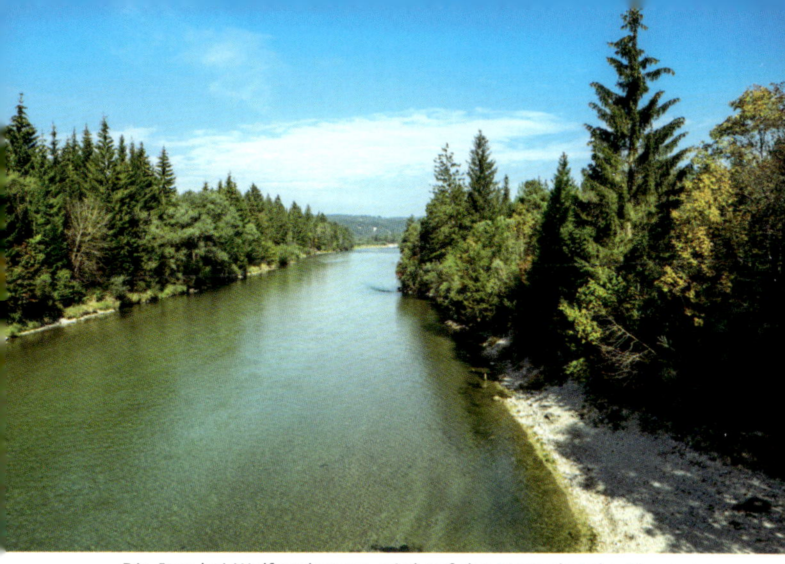

Die Isar bei Wolfratshausen wird auf der Marienbrücke überquert

Marienbrücke, auf der Sie die Isar überqueren. Am Ende der Brücke steigen Sie über die Treppenstufen nach rechts abwärts. Anschließend gehen Sie unter der Brücke hindurch und folgen dem Waldweg entlang der Isar. Sie wandern durch die schöne Landschaft der Pupplinger Au, bis Sie auf den Loisach-Isar-Kanal treffen. Hier biegen Sie nach rechts in Richtung Farchet ab. Sie wandern entlang des Kanals. Bald erreichen Sie die Häuser von **Farchet**.

Farchet ⇧ 584 m

Farchet ist ein kleiner Ortsteil der Stadt Wolfratshausen. Die große Stadt im nördlichen Landkreis Bad Tölz Wolfratshausen wird somit nur an ihrer südlichen Grenze ein wenig gestreift.

Die erste Erwähnung Wolfratshausens war im Jahre 1003 am Hofe von Regensburg. 1116 wurde die Wolfratshauser Burg errichtet. Seit dem 12. Jahrhundert gibt es die Floßfahrt von Wolfratshausen nach München. Auf der Isar wurde damals Baumaterial transportiert. 1848 erreichte die Floßfahrt mit 5.800 Flößen pro Jahr ihren Höhepunkt.

1972 entstand im Zuge der Gebietsreform der neue Landkreis Bad Tölz-Wolfratshausen.

Aus Wolfratshausen stammt der ehemalige bayerische Ministerpräsident Edmund Stoiber. Bekannt wurde die Stadt auch durch das Wolfratshauser

Frühstück am 11. Januar 2002. Bei diesem Treffen wurde die Kanzlerfrage für die anstehende Bundestagswahl zu Gunsten von Edmund Stoiber entschieden.

Sie folgen dem Weg in **Farchet** noch ein Stück bis zu seinem Ende. Dort befindet sich eine Brücke, auf der Sie den Kanal überqueren. Nach weiteren 100 m entlang des Kanals wandern Sie unter der Bundesstraße 11 hindurch. Der Weg verläuft weiterhin entlang des Loisach-Isar-Kanals, bis Sie nach links nach **Gelting** abbiegen. Sie wandern entlang der Straße in das Ortszentrum.

Gelting 1.800 Ew. ⇧ 586m

Landgasthof Zum alten Wirth, Buchberger Straße 4, 82538 Geretsried-Gelting, ☏ 081 71/38 65 90, info@alter-wirth.de, www.alter-wirth.de, ÜF EZ ab € 60 p. P., ÜF DZ € 45 p. P., pilgerfreundliche Unterkunft

♦ Hotel Gasthof Neu Wirt, Wolfratshauser Straße 24, 82538 Geretsried-Gelting, ☏ 081 71/425 20, neuwirt-gelting@t-online.de, www.neuwirt-gelting.de, ÜF EZ € 75 p. P., ÜF DZ € 49,50

Gelting erreichen Sie mehrmals täglich mit dem Bus Nr. 378 von Wolfratshausen. Von Wolfratshausen besteht eine S-Bahn-Verbindung nach München (S-Bahn Linie S7). Fahrplanauskunft unter www.mvv-muenchen.de

Dorfladen Gelting eG, Wolfratshauser Straße 2, 82538 Geretsried-Gelting, ☏ 081 71/96 87 54, dorfladen@dorfladen-gelting.de, www.dorfladen-gelting.de

✝ Kirche St. Benedikt

⊙ Pilgerstempel: Dorfladen, Landgasthof Zum alten Wirth

Seit der Gebietsreform 1978 gehört Gelting zur Stadt Geretsried. Während Geretsried als Vertriebenenstadt erst nach dem 2. Weltkrieg richtig wuchs und heute die größte Stadt im Landkreis ist, blickt der kleine Ort Gelting auf eine deutlich längere Geschichte zurück. Bei Gelting befindet sich eines der ältesten Gräberfelder, das auf die Mitte des sechsten Jahrhunderts datiert wird. Weitere Zeugnisse von Gelting finden sich im 13. Jahrhundert. In der Ortsmitte steht die Kirche St. Benedikt. Die Kirche mit ihrer barocken Innenausstattung wurde von 1631 bis 1649 erbaut und erst vor kurzer Zeit renoviert. Ein Vorgängerbau existierte wohl schon zu Beginn des 14. Jahrhunderts. Die Kirche ist sowohl außen, als auch innen relativ schlicht.

In der Mitte des Gewölbes finden Sie ein großes Gemälde mit der Dreifaltigkeit im Zentrum. Links von Maria knien der heilige St. Benedikt und der heilige Silvester. Auf der rechten Seite der Gottesmutter Maria steht Antonius Eremita und neben ihm die heilige Maria Magdalena. Der Hochaltar stammt aus dem Jahr 1653 und zeigt noch Elemente der Spätrenaissance mit Ansätzen des Barocks.

Für die Einkehr und Übernachtung bieten sich die beiden Gasthäuser im Ort an. Verpflegung bekommen Sie im Geltinger Dorfladen.

Die gesamte Etappe verläuft auf einem Fahrradweg und kann somit problemlos mit dem Fahrrad zurückgelegt werden.

2. Von Gelting nach Eurasburg

6,4 km, 2 Std., ↑ 65 m, ↓ 60 m, ⇧ 577-593 m

0,0 km	⇧ 586 m	Gelting
2,6 km	⇧ 585 m	Achmühle
6,4 km	⇧ 584 m	Eurasburg

Von der Ortsmitte in **Gelting** wandern Sie auf der Wolfratshauser Straße wieder ein Stück ortsauswärts, bis von links der Bahnweg einmündet. Auf diesem gehen Sie über den Loisach-Isar-Kanal und weiter zur Staatsstraße St 2370. Sie folgen nun dem Geh- und Radweg entlang der Straße bis nach **Achmühle**.

Achmühle ⇧ 585 m

Linie 372 von Gelting, Eurasburg oder Beuerberg, Fahrplaninformationen unter

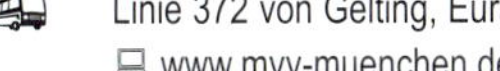
www.mvv-muenchen.de

Achmühle gehört bereits zu der Gemeinde Eurasburg und ist einer von 52 Ortsteilen, die zur Gemeinde gehören. Achmühle wird auf dem Jakobsweg nur am östlichen Ortsrand kurz gestreift.

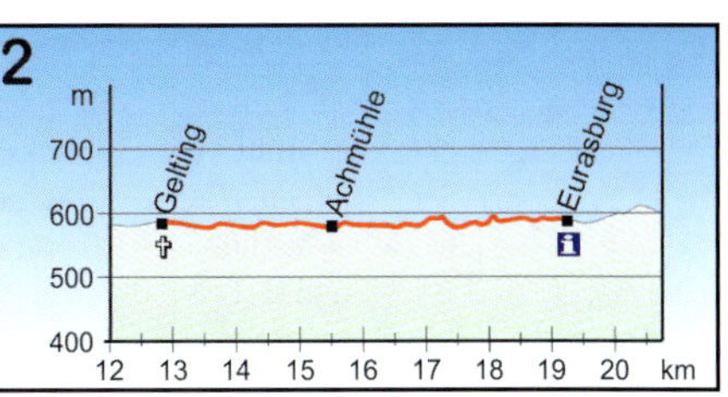

Sie wandern entlang der Staatsstraße durch den Ort. Kurz vor dem Ortsende biegen Sie nach links in die Straße „Am Loisachbogen“ ab. Sie gelangen zu einer Schleife der Loisach. Gleich danach führt der Weg wieder nach rechts zur Straße, die Sie wenig später überqueren. Sie wandern nun auf der westlichen Straßenseite weiter in Richtung Eurasburg. Sie passieren den von rechts einmündenden Ahornweg und erreichen wenig später die Albert-von-Ihring-Straße. Auf dieser gehen Sie kurz nach rechts, um dann gleich wieder nach links auf die Beuerberger Straße abzubiegen. Nach wenigen hundert Metern kommen Sie zum Rathaus von **Eurasburg**.

Eurasburg 4.277 Ew. ⇧ 584 m

Gemeinde Eurasburg, Beuerberger Straße 10, 82547 Eurasburg, 081 79/947 60, info@eurasburg.de, www.eurasburg.de

Sprengenöder Alm, Sprengenöd 4, 82547 Eurasburg, 081 79/931 00, www.sprengenoeder-alm.de, ÜF € 50 EZ p. P., ÜF € 40 DZ p. P., pilgerfreundliche Unterkunft

Ferienwohnung Wammetsberger, An der Leiten 4, 82547 Eurasburg, 081 79/86 13, fewo@ferienwohnung-eurasburg.de, www.ferienwohnung-eurasburg.de, Ü € 25 EZ p. P., Ü € 20 DZ p. P., pilgerfreundliche Unterkunft

Linie 372 (mehrmals täglich) von Gelting oder Beuerberg, Fahrplaninformationen unter www.mvv-muenchen.de

Schlosskirche in Eurasburg

Pilgerstempel: Rathaus Eurasburg

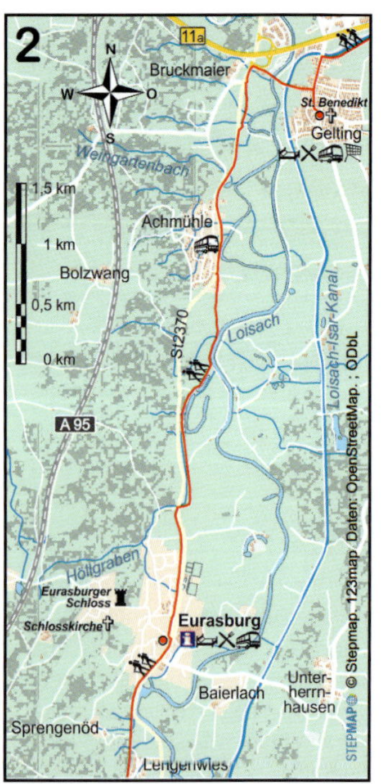

Eurasburg liegt nicht weit entfernt vom Starnberger See. Die schöne Lage inspirierte vermutlich den Bau der alten Iringsburg im Loisachtal. Erbauer der Burg waren die Iringer, die dem Ort ihren Namen gaben. Die Grenzen der Hofmark sind Herrnhausen, der Starnberger See und Wolfratshausen.

Als Anhänger Heinrichs IV. wurde Albert von Iringsburg von Papst Gregor mit dem Kirchenbann belegt. Als Sühne für ihn gründeten seine Frau Berta und seine Söhne Otto und Eberhard im Jahre 1121 das Kloster Beuerberg.

Die alte Iringsburg wurde 1626 durch den „Leuchtenberger" Herzog Albrecht VI. abgerissen. Das Eurasburger Schloss wurde im Stil der Spätrenaissance erbaut.

1818 entstand im Zuge der Verwaltungsreform im Königreich Bayern die Gemeinde Eurasburg. 1976 fiel das Eurasburger Schloss allerdings einem Brand zum Opfer. Heute befinden sich im neu aufgebauten Schloss nur noch Wohnungen. Am Schloss steht auch die Schlosskirche. Sie wurde im Stil der späten Renaissance erbaut und wurde erst 1909 eingeweiht. Stifterin der Kirche ist die damalige Eigentümerin des Schlosses, Maria Gräfin von Tattenbach. Die Kirche ist der unbefleckten Empfängnis Mariens geweiht. Eurasburg besteht seit der Gemeindereform von 1978 aus 52 Ortsteilen.

Die Schlosskirche in Eurasburg (© Vereins zur Förderung des Jakobswegs)

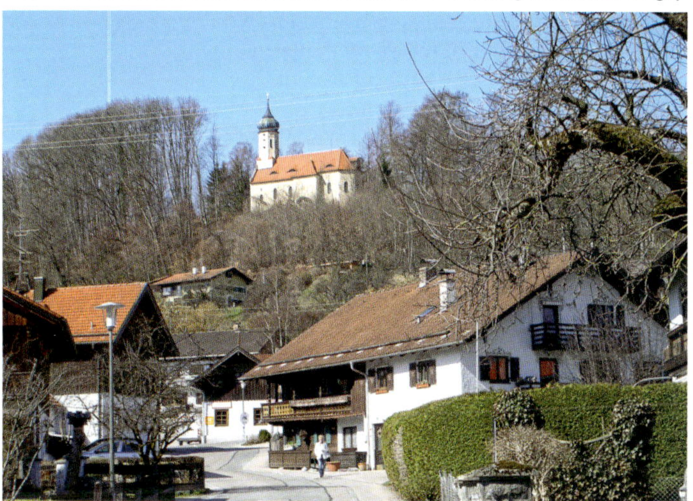

Auch die zweite Etappe des Jakobsweges verläuft auf einem ausgewiesenen Fahrradweg. Somit können Sie auch diese Etappe auf der hier beschriebenen Route ohne Umwege zurücklegen.

3. Von Eurasburg nach Promberg

11 km, 3 Std. 30 Min., 175, m, 140 m, 583-671 m

0,0 km	584 m	Eurasburg
3,8 km	612 m	Beuerberg
8,6 km	656 m	Faistenberg
11,0 km	624 m	Promberg

Vom Rathaus in **Eurasburg** folgen Sie dem Geh- und Radweg in südlicher Richtung aus dem Ort hinaus. An einer Linkskurve verlassen Sie die Straße und gehen geradeaus nach Lengenwies. Der Weg führt geradeaus weiter über Wiesen.

Sie erreichen eine kleine Straße, die nach Zwitzenlehen zieht. Diese überqueren Sie und wandern weiter in den Wald hinein. Nach dem Wald macht der Weg einen Linksbogen und bringt Sie nach **Beuerberg**.

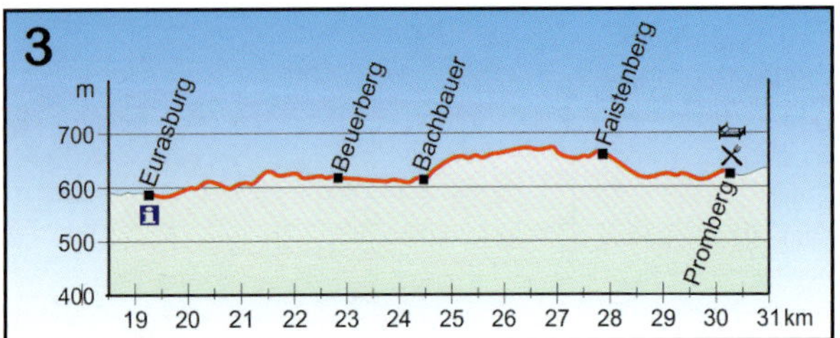

Beuerberg

993 Ew. ⇧ 584 m

Gasthof & Pension zur Mühle, Loisachweg 47, 82547 Eurasburg-Beuerberg, ☎ 081 79/88 32, www.pensionzurmuehle.de, info@pensionzurmuehle.de, ÜF EZ € 49, ÜF DZ € 41 p. P., pilgerfreundliche Unterkunft

Ferienwohnung Maria Leicht, Kuglstadtstraße 20, 82547 Eurasburg-Beuerberg, ☎ 081 79/81 15, leicht-beuerberg@t-online.de, ww.ferienwohnung-beuerberg.de, ab € 35, pilgerfreundliche Unterkunft

♦ Anneliese Geiger, Bahnhofstraße 17, 82547 Eurasburg-Beuerberg, ☎ 01 62/700 86 62, pilgerfreundliche Unterkunft

Mehrmals täglich Bus Linie 372 von Wolfratshausen und Linie 374 von Penzberg, Fahrplaninformationen unter www.mvv-muenchen.de

✝ Pfarrkirche St. Peter und Paul

⊙ Pilgerstempel: Kirche St. Peter und Paul, Gasthof & Pension zur Mühle

Auch Beuerberg gehört heute zur Gemeinde Eurasburg. Bis zur Gebietsreform 1978 war es eine eigenständige Gemeinde.

Die Ursprünge Beuerbergs reichen bis mindestens in das 10. Jahrhundert zurück. 1121 wurde das Augustiner-Chorherren Kloster gegründet, welches im Zuge der Säkularisation 1803 aufgelöst wurde. Nach einem Einsturz der Stiftskirche erbaute man die neue Kirche von 1630 bis 1635 im frühbarocken Stil. Im Zuge der Auflösung des Klosters wurde aus der Stiftskirche die Pfarrkirche. Die Kirche ist St. Peter und Paul geweiht. Das Kloster bewohnten ab 1835 Salesianerinnen. Sie betrieben damals eine Mädchenrealschule und ein Müttergenesungsheim. Das Kloster wurde 2014 aufgelöst und soll demnächst für Asylbewerber umgebaut werden.

In **Beuerberg** überqueren Sie die Wolfratshauser Straße und wandern auf der Bahnhofstraße bis zum Feuerwehrhaus. Hier gehen Sie geradeaus weiter und spazieren auf dem Wander- und Radweg zur Staatsstraße St 2370. Sie überqueren bald die Straße und gehen nun auf der rechten Straßenseite weiter in Richtung Penzberg. Hier befindet sich eine nette, kleine Kapelle. Der Weg folgt nun der Straße bis Bachbauer. Hier biegen Sie nach rechts auf eine schmale Straße ab und wandern über die Weiler Putzenlehen, Maierwald, Märzanderl und Hohenleiten nach **Faistenberg**.

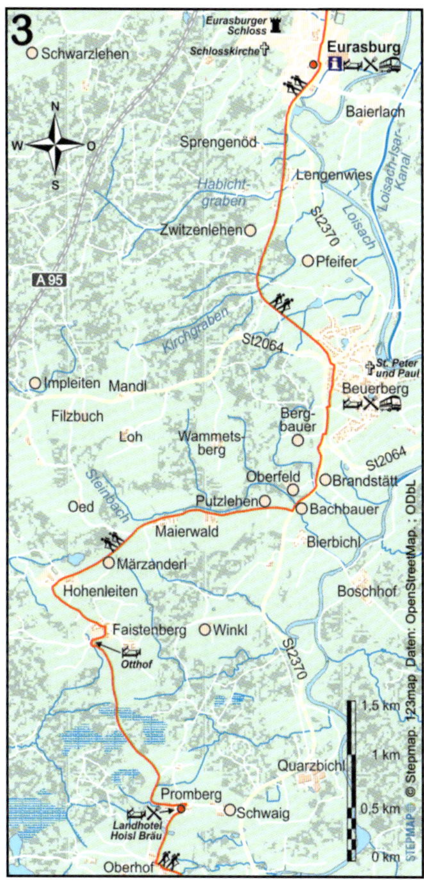

Faistenberg

⇧ 656 m

Otthof, Faistenberg 3, 82547 Eurasburg, ☎ 081 79/99 71 36, info@otthof.de, www.otthof.de, Ü ab € 45, Frühstück € 8 p. P.

Faistenberg gehört ebenfalls noch zur Gemeinde Eurasburg.

In **Faistenberg** gehen Sie kurz in westlicher Richtung zum Otthof. Hier biegen Sie nach links auf einen schmalen Wanderweg ab. Auf diesem wandern Sie über Wiesen nach **Promberg** mit dem ✕ Hoisl Bräu.

Die Etappe von Eurasburg nach Promberg verläuft ebenfalls auf einem Fahrradweg.

Promberg

⇧ 624 m

Landhotel Hoisl Bräu, Promberg 1, 82377 Penzberg, ☏ 088 56/901 73 30, www.hoisl-braeu.de, ÜF EZ ab € 56, ÜF DZ ab € 38 p. P., pilgerfreundliche Unterkunft

Pilgerstempel: Landhotel Hoisl Bräu

Promberg ist ein kleiner Ortsteil der Stadt Penzberg. Neben ein paar Höfen besteht der Ort vor allem aus dem Landhotel Hoisl Bräu.

4. Von Promberg nach Benediktbeuern

14,3 km, 4 Std. 30 Min., ↑ 130 m, ↓ 135 m, ⇧ 585-639 m

0,0 km	⇧ 624 m	Promberg
3,8 km	⇧ 585 m	Untermaxkron
8,3 km	⇧ 609 m	Schönmühl
11,7 km	⇧ 623 m	Bichl BANK
14,3 km	⇧ 631 m	Benediktbeuern BANK

Vom Gasthof Hoisl Bräu in **Promberg** folgen Sie dem Weg nach Süden bis Oberhof. Hier biegen Sie nach links ab und wandern nach Nantesbuch. Von diesem kleinen Ort gehen Sie weiter zur St 2370. In diese biegen Sie nach rechts in einen Geh- und Radweg ein. Nach ein paar Hundert Metern überqueren Sie die Staatsstraße und erreichen die Loisach. Entlang des Damms wandern Sie in südlicher Richtung bis **Untermaxkron**.

Untermaxkron

⇧ 585 m

Pizzeria Italia Antica, Untermaxkron 21, 82377 Penzberg, ☏ 088 56/35 40

Mehrmals täglich Stadtbusverkehr von Penzberg (Bus Linie 2)

Untermaxkron ist ein Ortsteil der Stadt Penzberg. Penzberg liegt etwas abseits des Jakobsweges, kann aber später auf einem markierten Abzweig erreicht werden. Die erste urkundliche Erwähnung Penzbergs findet sich im Jahre 1275 als Schwaige Poennensperch. Fischzucht und Waldbewirtschaftung waren damals die beiden Wirtschaftsfaktoren. 1557 entdeckte man wohl erstmals den Bergbau, zumindest existieren erste Berichte dazu. Es erfolgte ein Abbau von Kohle bis 1692. Danach gerieten die Kohleflöze in Vergessenheit.

Sie wurde erst im 19. Jahrhundert wieder entdeckt. Dadurch erlebte Penzberg in der Folge einen Aufschwung. Von 1852 bis 1966 wurde in Penzberg erneut

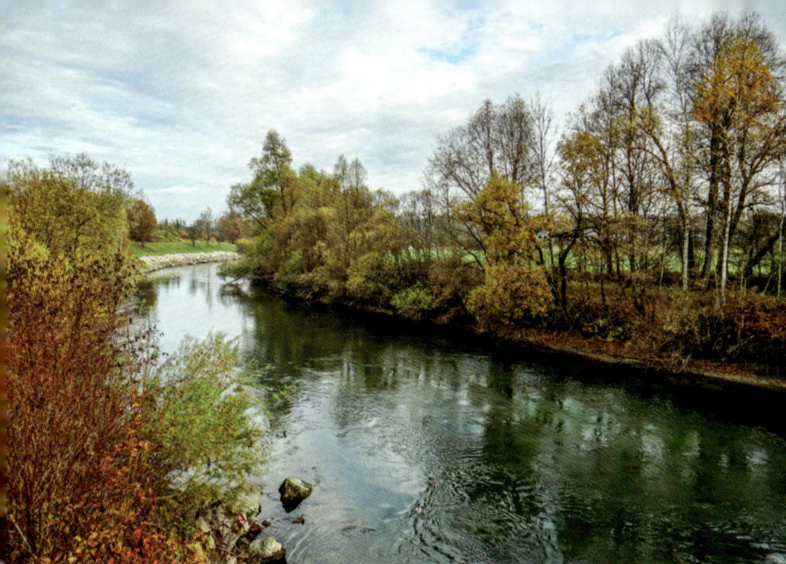

Am Loisachkanal bei Untermaxkron © Sandra Meier

Bergbau betrieben. Durch die Bahnlinie Tutzing - Penzberg, die 1865 in Betrieb genommen wurde, erhöhte sich der Absatz der Kohle deutlich.

Bis ins Jahr 1803 gehörte Penzberg dem Kloster Benediktbeuern. Mit der Säkularisation erfolgte eine Neuordnung. 1818 wurde die Gemeinde St. Johannisrain mit dem Ortsteil Penzberg selbstständig.

Heute handelt es sich um eine vielseitige Stadt mit etwas über 16.000 Einwohnern. Die Stadtrechte erhielt Penzberg 1919. Sie finden verschiedene Betriebe, vom traditionellen Handwerk bis zur Biotechnologie. Die Innenstadt bietet Ihnen Biergärten, Gasthöfe, Restaurants und verschiedene Einkaufsmöglichkeiten.

🚶🚶 Sie folgen dem Damm in **Untermaxkron**, bis die Straße eine Rechtskurve macht. Hier zweigt nach links bei einem Klärwerk eine geteerte Straße ab. Auf dieser wandern Sie wieder zurück zur Loisach. Entlang dieser gehen Sie an der Kompostieranlage vorbei bis zu einem Umspannwerk. Gleich danach wandern Sie unter der Staatsstraße hindurch und gehen hinunter zum Penzberger Ortsteil **Schönmühl**.

Schönmühl ⇧ 609 m ✕ ✞

✕ Gasthaus Schönmühl, Schönmühl 1, 82377 Penzberg, ☏ 088 56/24 98,
💻 www.gasthaus-schoenmuehl.de

✞ Herz-Jesu-Kapelle

In dem kleinen Penzberger Ortsteil Schönmühl befindet sich die Herz-Jesu-Kapelle. Der Pilgerweg führt direkt an ihr vorbei. Etwas abseits des Jakobsweges liegt das Gasthaus Schönmühl.

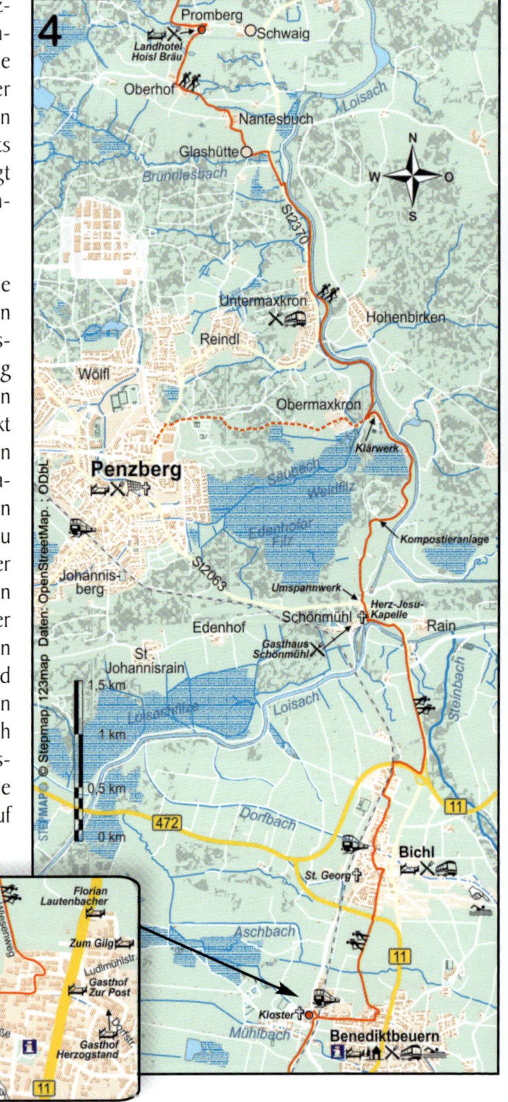

Von der ✝ Kapelle bei **Schönmühl** wandern Sie nach links zur Staatsstraße St 2063. Entlang dieser wandern Sie in südlicher Richtung direkt auf Bichl zu. Sie treffen auf die Umgehungsstraße von Bichl und folgen ihr nach Westen bis zu den Gleisen. Nach einer Unterführung wandern Sie geradeaus zu einer Kreuzung. Hier biegen Sie nach links ab und gehen nach wenigen Metern wieder nach rechts in die Siedlungsstraße. Diese geht in die Raiffeisenstraße über, auf der Sie die Dorfstraße erreichen. Wenn Sie hier nach rechts abbiegen, gelangen Sie an die ✞ Kirche St. Georg. Biegen Sie nach links ab, kommen Sie in die Ortsmitte von **Bichl**.

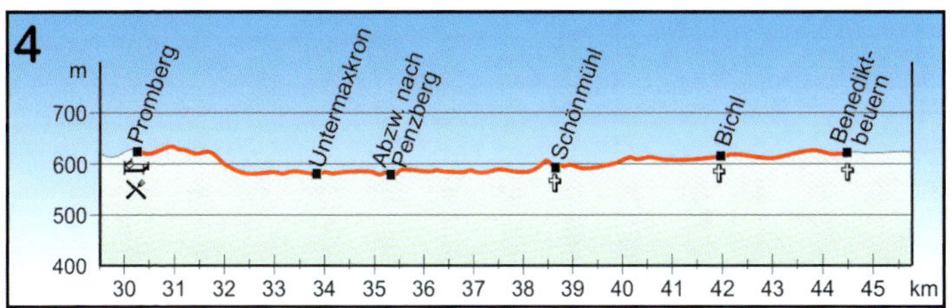

Bichl

2.107 Ew. ⇧ 623 m

- ✕ Gasthaus zum Bayerischen Löwen, Kocheler Straße 16, 83673 Bichl, ☏ 088 57/899 35 33, info@gasthaus-bayerischern-loewen.de, www.gasthaus-bayerischer-loewen.de
- ♦ Restaurant Zur Wagnerei, Ludlmühlstraße 4b, 83673 Bichl, ☏ 088 57/85 87, info@zur-wagnerei.de, www.zur-wagnerei.de
- ♦ Taverna Sirtaki, Penzberger Straße 1, 83673 Bichl, ☏ 088 57/315, www.sirtaki-taverna.de
- Zugverbindung von München über Tutzing (mehrmals täglich), Fahrplaninformationen unter www.bahn.de
- Bus Linie 9612 von Bad Tölz und Linie 9613 von Penzberg (mehrmals täglich), Fahrplaninformationen unter www.rvo-bus.de
- Naturbad Bichl, Schwimmbadstraße 3, 83673 Bichl, ☏ 088 57/238, Mo - Fr 9:00 - 19:00, Sa, So und Feiertag 10:00 - 19:00, Eintritt € 3 Erwachsene, € 2 Kinder ab 6 Jahren
- ✞ Kirche St. Georg
- ⊙ Pilgerstempel: Rathaus Bichl, Kocheler Straße 9 und Kath. Kirche St. Georg

Die erste urkundliche Erwähnung Bichls stammt aus dem Jahr 1048. Seit der Gründung des Klosters Benediktbeuern gehörte Bichl zu dessen Grundbesitz. Erst im Zuge der Säkularisation ging der Besitz an Bayern über. Mit der Verwaltungsreform 1818 wurde es eine eigene Gemeinde. Der Ort war schon zu früheren Zeiten ein Verkehrsknotenpunkt. Bereits die Kelten und Römer führten ihre Wege und Straßen an der Siedlung vorbei. Später folgte die Loisachflößerei und bereits 1898 der Anschluss an das Eisenbahnnetz. Seit 1822 ist Bichl eine eigene Gemeinde, allerdings seit 1978 in einer Verwaltungsgemeinschaft mit dem benachbarten Benediktbeuern.

Die Kirche St. Georg ist eine der schönsten Kirchen in Oberbayern. Der Ursprung der Kirche geht auf das 12. Jahrhundert zurück. 1672 erhielt sie einen neuen Turm. Von 1751 bis 1753 wurde die Kirche von Johann Michael Fischer neu erbaut. Dieser Architekt begegnete Ihnen bereits beim Kloster Schäftlarn. Er zählt zu den bedeutendsten Kirchenbauern Süddeutschlands. Bei dem Neubau der Kirche blieb der 1672 von Caspar Feichtmayr erbaute Turm erhalten. Die Kirche besitzt schöne Deckenfresken von Johann Jakob Zeiller. Im Hauptraum zeigt das Fresko das Martyrium des heiligen Georg. Auf weiteren Malereien erkennen Sie die vier Evangelisten Markus, Matthäus, Lukas und Johannes. Auch im Vorraum befinden sich Deckenfresken von Zeiller. Über der Orgel sehen Sie zum Beispiel König David, der auf einer Harfe spielt.

Die kleine Gemeinde verfügt über ein schönes Naturfreibad, das vor allem im Sommer zu einer Erfrischung einlädt.

In der Dorfmitte von **Bichl** biegen Sie von der Dorfstraße nach rechts in den Schulweg ab. Diesem folgen Sie nach Süden bis zur Sindelsdorfer Straße, die Sie geradeaus überqueren. Sie wandern auf dem Wiesenweg weiter in südlicher Richtung aus dem Ort hinaus. Durch eine Fußgängerunterführung gehen Sie unter der B11 hindurch und sehen schon Benediktbeuern mit dem Kloster vor sich. Sie wandern weiter auf dem Wiesenweg über freies Gelände in Richtung des Ortes. In Benediktbeuern bleiben Sie noch kurz auf dem Weg, biegen dann aber nach rechts in den Steinbacher Kirchenweg ab. Nach ein paar Metern biegen Sie nach links in den Schützenweg ab. Dieser trifft auf die Bahnhofstraße. Sie spazieren auf dieser nach rechts in Richtung Kloster. Nach dem Überqueren der Bahngleise stehen Sie direkt vor dem Kloster **Benediktbeuern**.

Benediktbeuern

3.563 Ew. ⇧ 631 m

BANK

Gästeinformation Benediktbeuern, Prälatenstraße 7, 83671 Benediktbeuern, ☏ 088 57/691 30, info@benediktbeuern.de, www.benediktbeuern.de

Hotel Restaurant Café Friedenseiche, Häusernstraße 34, 83671 Benediktbeuern, ☏ 088 57/82 05, info@friedenseiche-hotel.de, www.friedenseiche-hotel.de, ÜF EZ ab € 55, ÜF DZ ab € 50 p. P.

♦ Gasthof Herzogstand, Dorfstraße 7, 83671 Benediktbeuern, ☏ 088 57/326, josef.ressl@t-online.de, www.gasthof-herzogstand-benediktbeuern.de, ÜF EZ ab € 50, ÜF DZ ab € 41,50 p. P., pilgerfreundliche Unterkunft

♦ Gasthof zur Post, Dorfplatz 1, 83671 Benediktbeuern, ☏ 088 57/338, s.m.boettger@t-online.de, www.gasthof-zur-post-benediktbeuern.de, ÜF EZ ab € 49, ÜF DZ ab € 41,50 p. P., pilgerfreundliche Unterkunft

Gästehaus des Klosters, Don-Bosco-Straße 1, 83671 Benediktbeuern, 088 57/881 95, gaestehaus@kloster-benediktbeuern.de, www.kloster-benediktbeuern.de/kloster/zu-gast-im-kloster, ÜF EZ € 46, ÜF DZ € 41,50 p. P., ÜF MBZ € 33 p. P., pilgerfreundliche Unterkunft

♦ Zentrum für Umwelt und Kultur, Zeilerweg 2, 83671 Benediktbeuern, 088 57/887 77, gaestebuero@zuk-bb.de, www.zuk-bb.de, ÜF EZ ab € 49, ÜF DZ ab € 39 p. P., ÜF MBZ € 34,50 p. P., pilgerfreundliche Unterkunft

♦ Zum Gilg - Familie Bacher, Ludlmühlstraße 13, 83671 Benediktbeuern, 088 57/83 57, April - Oktober, ÜF ab € 18 p. P., pilgerfreundliche Unterkunft

♦ Florian Lautenbacher, Pater-Rupert-Mayer-Weg 2, 83671 Benediktbeuern, 088 57/69 88 77, April - Oktober, florian.lautenbacher@t-online.de, www.zimmer-floris.de, ÜF MBZ € 23 p. P., pilgerfreundliche Unterkunft

♦ Jugendherberge Don Bosco, Don-Bosco-Straße 3, 83671 Benediktbeuern, 088 57/883 50, info@don-bosco-jh.de, www.juhebb.de, pilgerfreundliche Unterkunft

Jugendherberge Benediktbeuern „Miriam“, Bahnhofstraße 58, 83671 Benediktbeuern, 088 57/90 50, service-bayern@jugendherberge.de, www.miriam.jugendherberge.de, ÜF ab € 19,50, pilgerfreundliche Unterkunft

Landgasthaus Jägerstuben und Lounge-Restaurant Zeitlos, Windpässelweg 4, 83671 Benediktbeuern, 088 57/586

♦ Gasthof Klosterbräustüberl, Zeilerweg 2, 83671 Benediktbeuern, 088 57/94 07, info@klosterwirt.de, www.klosterwirt.de

♦ Waldgaststätte zum Schreiner, Vorm Holz 6, 83671 Benediktbeuern, 088 57/375, info@zum-schreiner.de, www.zum-schreiner.de

♦ Ristorante Don Camillo e Peppone, Bahnhofsplatz 2, 83671 Benediktbeuern, 088 57/899 18 70, info@doncamilloepeppone.de, www.doncamilloepeppone.de

Café am Dorfplatz, Dorfstraße 1, 83671 Benediktbeuern, 088 57/69 45 59, info@baeckerei-cafe-lugauer.de, www.baeckerei-cafe-lugauer.de

♦ Caféhaus-Konditorei Lugauer, Dorfstraße 38, 83671 Benediktbeuern, 088 57/82 05, info@baeckerei-cafe-lugauer.de, www.baeckerei-cafe-lugauer.de

♦ Kloster-Café, Don-Bosco-Straße 1, 83671 Benediktbeuern, 088 57/881 68, klostercafe@kloster-benediktbeuern.de, www.kloster-benediktbeuern.de

♦ Eisdiele „Rialto“, Dorfplatz 1, 83671 Benediktbeuern, 088 57/338, s.m.boettger@t-online.de, www.gasthof-zur-post-benediktbeuern.de

♦ Ottis Eis & Cafégarten, Ignaz-Günther-Straße 2, 83671 Benediktbeuern, 088 57/254

Zugverbindung von München über Tutzing (mehrmals täglich), Fahrplaninformationen unter www.bahn.de

Bus Linie 9612 von Bad Tölz und Linie 9613 von Penzberg (mehrmals täglich), Fahrplaninformationen unter www.rvo-bus.de

Alpenwarmbad Benediktbeuern, Schwimmbadstraße 32, 83671 Benediktbeuern, 088 57/96 25, Anfang Mai bis Mitte September täglich von 9:00 - 19:00, info@alpenwarmbad.de, www.alpenwarmbad.de, Eintritt Erwachsene € 6,50, Kinder € 3,50

Pfarrkirche St. Benedikt im Kloster

Pilgerstempel: Gästeinformation, Basilika / Klosterladen / Gästehaus, Don-Bosco-Straße 1, Pfarrei St. Benedikt, Dorfplatz 4, Gasthof zur Post

Um 725 wurde das Kloster Benediktbeuern von Karl Martell gegründet. Damals diente der Ort Buron als Kontrollstation für Bergpässe auf dem Weg nach Süden. Durch den Erzbischof Bonifatius wurde 739 die Kirche eingeweiht. Erster Abt war der hochadelige Alemanne Lantfried, der bereits vorher von Martell als Vasall eingesetzt wurde. Damit ist Benediktbeuern das älteste Kloster Oberbayerns.

Die Schreibstube des Klosters erlangte bald große Bedeutung. Nach der Zerstörung durch die Ungarn 955 war die erste Blütezeit bald beendet.

Der hl. Bischof Ulrich von Augsburg ließ das Kloster wieder aufbauen. Im Jahre 1031 besiedelten es Benediktinermönche aus Tegernsee. In den Folgejahren erlebte das Kloster eine neue Blütezeit. Schreibstube, Goldschmiedekunst, Buchmalerei und botanische Forschungen trugen dazu bei. Die Klosterbibliothek umfasste im Jahre 1250 etwa 250 Handschriften.

Durch einen Großbrand 1248 wurde das Kloster schwer beschädigt, konnte aber, auch durch die Hilfe anderer Klöster, wieder aufgebaut werden.

1490 zerstörte ein weiterer Großbrand die zentralen Klostergebäude.

Im Dreißigjährigen Krieg wurde das Kloster überfallen. Ein Gedenkkreuz erinnert an den Tod des Paters Simon Speer. Im Krieg wurde auch das Gymnasium geschlossen. Es konnte allerdings schon 1689 wieder neu eröffnet werden. Danach folgte eine weitere Blütezeit des Klosters.

Die barocke Klosteranlage entstand ab 1669. Hier waren einige der bedeutendsten Künstler der Zeit tätig, die Ihnen auch bereits in anderen Kirchen auf Ihrem Jakobsweg begegnet sind: Caspar Feichtmayr, Johann Baptist Zimmermann, Johann Michael Fischer, Ignaz Günther und Johann Michael Feuchtmayer. Die heutige Basilika wurde von 1681 bis 1686 erbaut. Die Deckenfresken gestaltete Georg Asam. Zudem entstanden weitere Gebäude wie der Maierhof oder die Bibliothek. Zwischen 1751 und 1753 wurde die Anastasiakapelle in der Nordostecke der Basilika erbaut. Sie ist ein einzigartiges Rokokojuwel.

In der Säkularisation 1803 wurde auch das Kloster Benediktbeuern aufgelöst. Die Gebäude blieben zum großen Teil erhalten. Viele der Bücher aus der Bibliothek zogen in die bayerische Staatsbibliothek in München um. Dabei entdeckte

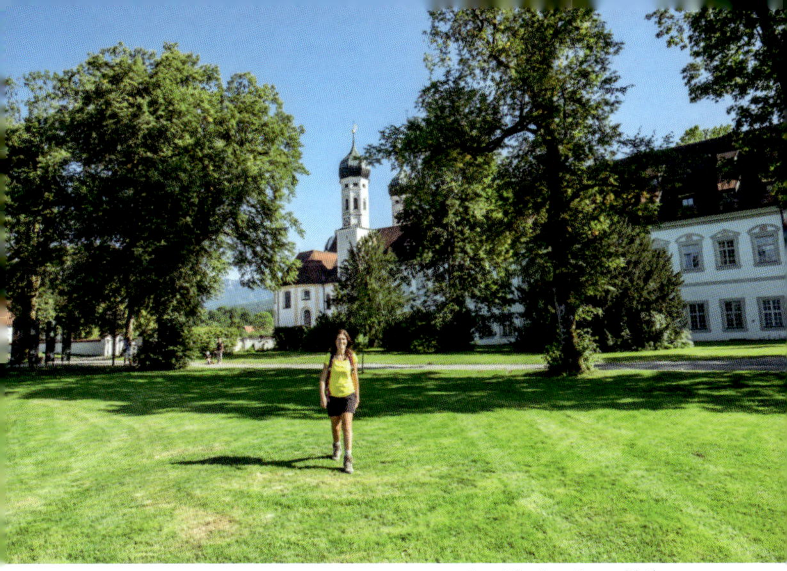

Am Kloster Benediktbeuern

man die Carmina Burana, eine Sammlung von 254 mittellateinischen, altfranzösischen und provenzialischen Lied- und Dramentexten. Sie wurde um 1230 geschrieben. Die Vertonung erfolgte im Jahre 1937 durch den Komponisten Carl Orff. Er übersetzte 24 Lieder in ein Chorwerk.

Die Klostergebäude wurden von Joseph von Utzschneider erworben, der 1805 mit Georg von Reichenbach eine moderne Glasfabrikation errichtete. Hier wurden Geräte zur Landvermessung, Fernrohre und Mikroskope hergestellt. 1819 gingen die Gebäude in Staatsbesitz über. Sie dienten in der Folge als Kaserne, Militärfohlenhof, Invalidenheim, Gefängnis und Genesungsanstalt für Soldaten.

Im Jahre 1930 erwarben die Salesianer Don Boscos die Gebäude des Klosters und bewahrten sie vor dem Verfall - bis heute wird stetig saniert und restauriert. Die Salesianer entwickelten das Kloster zu einem Zentrum religiöser Bildung, Wissenschaft und Erziehung im Dienst an jungen Menschen. Sie folgten damit dem Auftrag ihres Gründers Johannes Bosco.

Heute befinden sich zwei Hochschulen im Kloster: die philosophisch-theologische Hochschule - Theologische Fakultät (PHT) und die Fachhochschule für Soziale Arbeit (KSFH).

1972 wurde die Kirche von Papst Paul VI. zur päpstlichen „Basilica minor" erhoben. In der Kirche lagern die Armrelikte des Heiligen Benedikt. Deshalb gilt Benediktbeuern als einer der wichtigsten Benedikt-Wallfahrtsorte weltweit.

Wir haben die Etappe bewusst von Promberg bis nach Benediktbeuern beschrieben, da sich unterwegs nur schwer Übernachtungsmöglichkeiten finden lassen. Wenn Sie die Etappe lieber verkürzen möchten, können Sie in Penzberg übernachten. Hierfür müssen Sie vom Klärwerk in Untermaxkron dem beschilderten Abzweig nach Penzberg folgen.

Penzberg 16.174 Ew. ⇧ 596 m

Hotel Berggeist, Bahnhofstraße 47, 82377 Penzberg, ☏ 088 56/80 10, info@hotel-berggeist.de, www.hotel-berggeist.de, ÜF EZ ab € 76, ÜF DZ ab € 54,50 p. P.

♦ Hotel Olympia, Karlstraße 33, 82377 Penzberg, ☏ 088 56/21 74, hotel.olympia@email.de, ÜF EZ € 40, ÜF DZ € 35 p. P.

Gasthof Berggeist, Bahnhofstraße 47, 82377 Penzberg, ☏ 088 56/78 99

Fast die gesamte vierte Etappe ist gut mit dem Fahrrad zu bewältigen, sie verläuft auf ausgewiesenen Fahrradrouten. Lediglich die Verbindung zwischen Bichl und Benediktbeuern ist ein reiner Wanderweg. Sie können alternativ entlang der Bundesstraße von Bichl nach Benediktbeuern fahren.

5. Von Benediktbeuern nach Kochel am See

8,9 km, 3 Std., ↑ 40 m, ↓ 45 m, ⇧ 597-631 m

0,0 km ⇧ 631 m Benediktbeuern
8,9 km ⇧ 605 m Kochel am See

Vom ✞ Kloster **Benediktbeuern** folgen Sie kurz der Straße in südlicher Richtung. Der Weg verlässt die Straße und verläuft weiter in Richtung der Bahngleise. Nach 1 km, kurz vor Ried, biegen Sie nach rechts ab in das große Loisach-Kochelsee-Moor. Sie bleiben auf dem Weg bis zur Brücke über den Lainbach. Gleich danach wenden Sie sich nach links und wandern nach Süden bis Brunnen-

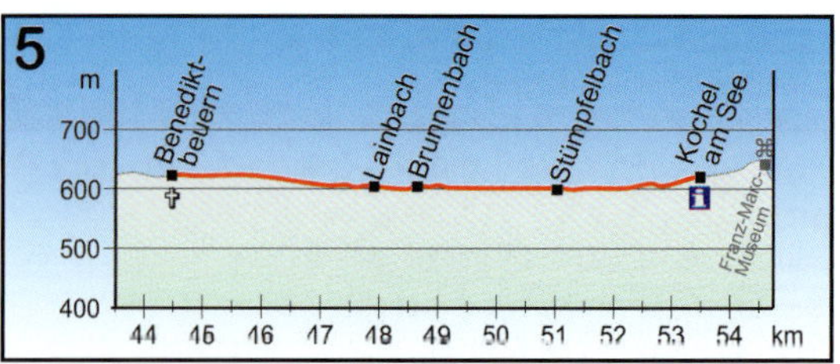

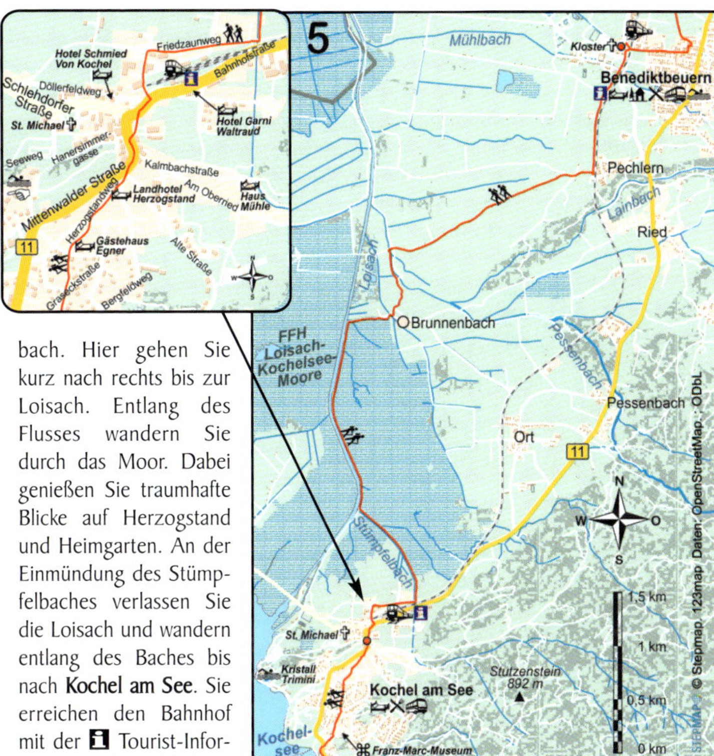

bach. Hier gehen Sie kurz nach rechts bis zur Loisach. Entlang des Flusses wandern Sie durch das Moor. Dabei genießen Sie traumhafte Blicke auf Herzogstand und Heimgarten. An der Einmündung des Stümpfelbaches verlassen Sie die Loisach und wandern entlang des Baches bis nach **Kochel am See**. Sie erreichen den Bahnhof mit der Tourist-Information und anschließend das Ortszentrum mit dem Schmied-von-Kochel-Platz

Kochel am See

3.998 Ew. ⇧ 605 m

Tourist Information Kochel am See, Bahnhofstraße 23, 82431 Kochel am See, ☏ 088 51/338, info@kochel.de, www.kochel.de

Seehotel Grauer Bär, Mittenwalder Straße 82-86, 82431 Kochel am See, ☏ 088 51/925 00, info@grauer-baer.de, www.grauer-baer.de, ÜF EZ ab € 56, ÜF DZ ab € 43 p. P.

♦ Hotel Schmied von Kochel, Schlehdorfer Straße 6, 82431 Kochel am See, ☏ 088 51/929 29 20, info@hotel-schmied-von-kochel.de, www.hotel-schmied-von-kochel.de, ÜF EZ/DZ ab € 40 p. P.

Hotel Garni Waltraud, Bahnhofstraße 20, 82431 Kochel am See, 088 51/333, info@gasthof-waltraud.de, www.gasthof-waltraud.de, ÜF EZ ab € 44, ÜF DZ ab € 32 p. P.

Landhotel Herzogstand, Herzogstandweg 3, 82431 Kochel am See, 088 51/324, www.herzogstand.de, ÜF DZ ab € 39 p. P.

♦ Hotel Garni Gästehaus Egner, Herzogstandweg 23, 82431 Kochel am See, 088 51/228, info@gaestehaus-egner.de, www.gaestehaus-egner.de, ÜF EZ ab € 40, ÜF DZ ab € 39 p. P.

♦ Haus Mühle, Kalmbachstraße 24, 82431 Kochel am See, 088 51/61 58 74, Ü ab € 17

Campingplatz Renken, Mittenwalder Straße 106, 82431 Kochel am See, April - Oktober, 088 51/61 55 05, info@campingplatz-renken.de, www.campingplatz-renken.de, Mietcaravans ab € 12,60

Zugverbindung von München über Benediktbeuern (mehrmals täglich), Fahrplaninformation unter www.bahn.de

Buslinien 9612 und 9613 (mehrmals täglich) von Benediktbeuern. Fahrplanauskunft unter www.rvo-bus.de

⌘ Franz-Marc-Museum, Franz-Marc-Park 8-10, 82431 Kochel am See, Dienstag bis Sonntag April bis Oktober 10:00 - 18:00, November bis März 10:00 - 17:00, 088 51/92 48 80, info@franz-marc-museum.de, www.franz-marc-museum.de, Eintritt Erwachsene € 8,50, Kinder € 3,50

♦ Erlebniskraftwerk Walchensee, Altjoch 21, 82431 Kochel am See, Mai bis Oktober täglich von 9:00 - 17:00, November bis April täglich von 10:00 - 16:00, 088 51/772 25, www.eon.com. Am Kraftwerk kommen Sie am nächsten Tag auf der Etappe zum Walchensee vorbei.

Kristall Trimini, Seeweg 2, 82431 Kochel am See, Mai bis September 9:00 - 21:00, Oktober bis April 10:00 - 21:00, Tageskarte Therme € 9,80, Kinder ab 6 Jahren € 7

Pfarrkirche St. Michael

⊙ Pilgerstempel: Tourist Information, Pfarrkirche St. Michael, Schlehdorfer Straße

Der 1.250 Jahre alte Ort Kochel am See ist heute ein beliebter Urlaubsort. Traumhaft liegt der Ort am Kochelsee, über dem sich majestätisch der Herzogstand erhebt. Bereits früh wurde die Schönheit der Landschaft entdeckt. Selbst der bayerische Märchenkönig Ludwig II. war gerne in dieser Gegend. Er erbaute auf dem Herzogstand und seinen Nachbargipfeln drei Aussichtspavillons, sowie das zwischenzeitlich abgebrannte Herzogstandhaus.

Auch Künstler besuchten Kochel gerne. Der expressionistische Maler Franz Marc ließ sich von der landschaftlichen Schönheit inspirieren. Im Franz-Marc-Museum in Kochel sind seine Werke ausgestellt. Sein Grab befindet sich auf dem Friedhof in Kochel.

Das Kloster in Kochel wurde vom Erzbischof Bonifatius 739 eingeweiht. Nach der Zerstörung durch die Ungarn wurde es im Gegensatz zum benachbarten Kloster Benediktbeuern nicht wieder aufgebaut. Lediglich eine Kirche erbaute man 1071. Die heutige Pfarrkirche St. Michael erhielt 1680 bis 1685 den Turm und ihr Kirchenschiff. Ihren schönen Stuck bekam sie 50 Jahre später.

Berühmtheit erlangte Kochel am See durch den Oberländer Bauernaufstand 1705. Der österreichische Kaiser Joseph I. hatte im Zuge des Spanischen Erbfolgekriegs Bayern besetzt. Der Kaiser unterdrückte das Land, sodass es zu Aufständen unter den Bauern kam. Bei der Sendlinger Mordweihnacht, einem Massaker an den Aufständischen, soll der „Schmied von Kochel" mit dem Satz „Lieber bayerisch sterben als kaiserlich verderben" auf den Lippen als letzter der Widerstandskämpfer gestorben sein. Die Existenz des Volkshelden ist allerdings historisch nicht belegt, sodass es sich vermutlich eher um eine Sage handelt. Immerhin finden Sie auf dem zentralen Platz in Kochel am See eine Statue zu Ehren des Schmieds.

Wie alle umliegenden Orte gehörte auch Kochel bis zur Säkularisation zum Kloster Benediktbeuern. Selbstständige Gemeinde wurde es im Jahre 1818.

Wer Entspannung sucht, findet diese in der Kristall Therme im Trimini. Das Thermalbad und die Sauna laden Sie zu einer kleinen Auszeit ein.

Die gesamte fünfte Etappe ist gut mit dem Fahrrad zu bewältigen. Sie verläuft auf ausgewiesenen Fahrradrouten.

6. Kochel am See - Walchensee

11,9 km, 4 Std. 30 Min., ↑ 480 m, ↓ 290 m, ⇧ 602-882 m

0,0 km	⇧ 605 m	Kochel am See
7,0 km	⇧ 802 m	Urfeld
11,9 km	⇧ 813 m	Walchensee BANK

Die folgende Etappe ist durch den Höhenunterschied vom Kochel- zum Walchensee die anstrengendste Etappe des gesamten Weges. Dementsprechend sollten Sie früh am Tag starten und genug Zeit einplanen.

Von der Ortsmitte in **Kochel am See** folgen Sie noch kurz der Mittenwalder Straße, zweigen bald aber schon nach links in die Herzogstandstraße ab. Auf dieser wandern Sie in südwestlicher Richtung. Nach der Kreuzung der Jochbergstraße biegt sie nach Süden ab und bringt Sie am ⌘ Franz-Marc-Museum vorbei zurück zur Mittenwalder Straße. Diese überqueren Sie und erreichen vor dem Kochelsee einen Wanderweg. Sie wandern nun auf diesem Weg am schön gelegenen See entlang. Der Weg kürzt eine Kurve der Fahrstraße ab und verläuft anschließend entlang dieser zum Hotel Grauer Bär. Kurz danach folgen Sie wieder einem Weg, der zwischen Straße und See verläuft. Sie kommen an das Gelände des Campingplatzes und den Abzweig zum ⌘ Walchenseekraftwerk. Ein Abstecher zur Besichtigung des Wasserkraftwerkes lohnt sich.

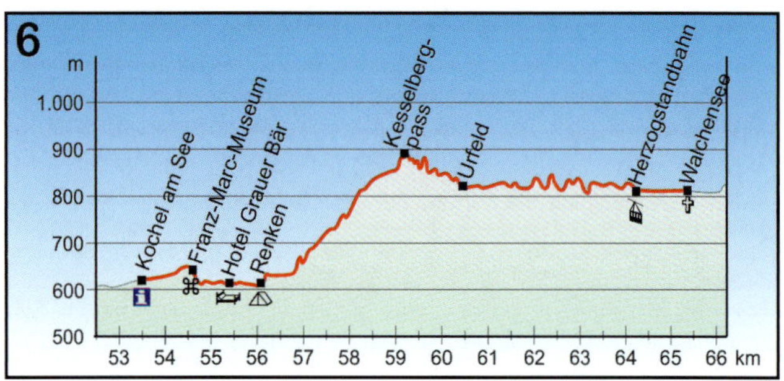

Für den Weiterweg bleiben Sie noch kurz auf der Kesselbergstraße, biegen vor der ersten Linkskurve aber schon nach rechts ab und steigen auf der alten Kesselbergstraße durch den Wald bergauf. Sie kürzen dadurch eine große Schleife der Kesselbergstraße ab. Nach einem Parkplatz führt Sie der Wander- und Radweg weiter bergauf. Erst an der Kesselberghöhe erreichen Sie wieder die Fahrstraße. Sie spazieren nun entlang der Straße hinunter nach **Urfeld**.

Urfeld

⇧ 802 m ⌘

Panoramahotel - Seerestaurant Karwendelblick, Urfeld 15, 82432 Kochel am See, 088 51/61 55 12, karwendelblick.urfeld@web.de, www.hotel-karwendelblick.de, ÜF EZ ab € 34, ÜF DZ ab € 30 p. P.

Jugendherberge Urfeld, Mittenwalder Straße 17, 82432 Kochel am See, 088 51/230, walchensee@jugendherberge.de, www.jugendherberge.de, ab € 20,90, pilgerfreundliche Unterkunft

Café am See, Urfeld 27, 82432 Kochel am See, Freitag bis Dienstag 8:00 - 18:00, ferienwohnungen@asenstorfer.de, www.asenstorfer.de

⌘ Walchensee Museum, Urfeld 4, 82432 Kochel am See, 01. Juni bis 30. September, Donnerstag bis Sonntag 10:30 - 16:30, 089/92 86 00 92, oriwol.stiftung@gmail.com, www.walchenseemuseum.de

Linie 9608 von Kochel am See, Fahrplanauskunft unter www.rvo-bus.de

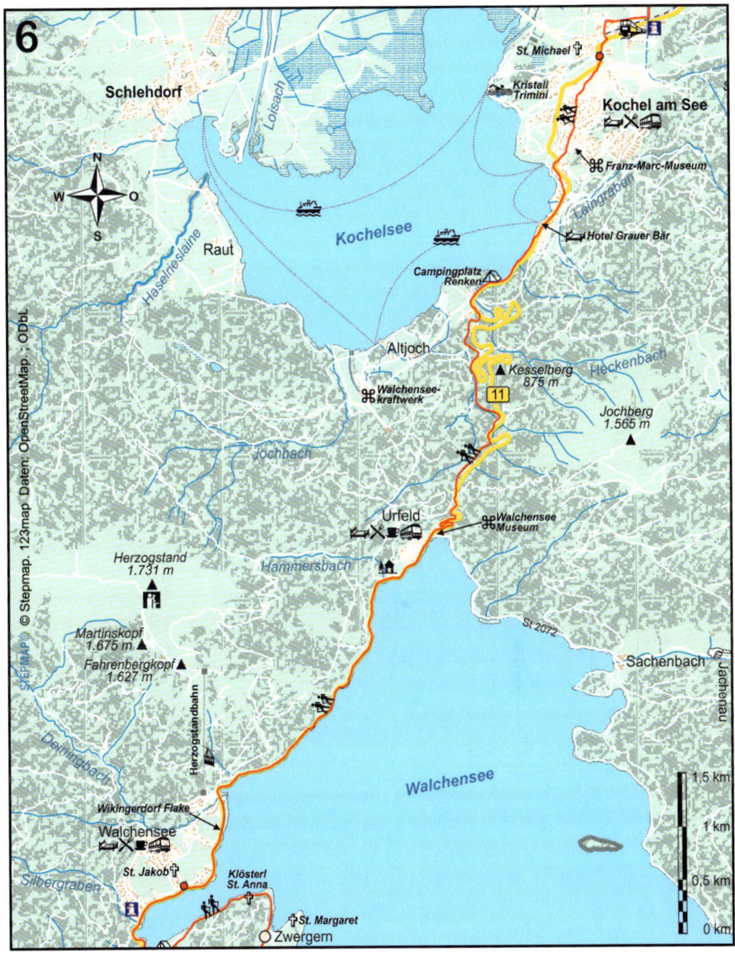

Urfeld ist ein kleiner Ortsteil von Kochel, der bereits am Walchensee liegt.

Bereits im 15. Jahrhundert war Urfeld ein alter Überfahrplatz. Seit 1685 wurde Urfeld dauerhaft besiedelt. Im Jahre 1707 errichtete das Kloster Benediktbeuern das Jäger Häusl. Das Haus ging 1717 schließlich in Privatbesitz über. 1846 entstand eine kleine Wirtschaft, die 1870 durch ein Hotel ersetzt wurde.

Zu Beginn des 20. Jahrhunderts entwickelte sich ein moderner Hotelbetrieb. Nach dem 1. Weltkrieg wurden bei Urfeld der Stollen und das Einlaufwerk des Walchenseekraftwerkes gebaut. Im Hotel Post entstand das ⌘ Walchensee-Museum. Das Museum beherbergt auf 600 Quadratmetern Ausstellungsfläche heimatkundliche Sammlungen vom Walchensee, vom Kochelsee, aus der Jachenau, vom Kesselberg und dem Herzogstand.

Weiterhin finden Sie im Museum Werke des Malers Prof. Lovis Corinth, der zu Beginn des 20. Jahrhunderts zeitweise in Urfeld wohnte.

Von **Urfeld** wandern Sie anschließend an der Bundesstraße B11 am Walchensee entlang zum Ort **Walchensee**.

Walchensee

613 Ew. ⇧ 813 m

Tourist Information, Ringstraße 1, 82432 Walchensee, ☏ 088 58/411, www.walchensee.de

Gasthof Edeltraut, Seestraße 90, 82432 Walchensee, ☏ 088 58/262, info@gasthof-edeltraut.de, www.gasthof-edeltraut.de, ÜF EZ ab € 33,50, ÜF DZ ab € 31,50 p. P.

Gästehaus und Café Seehof, Seestraße 44, 82432 Walchensee, ☏ 088 58/222, info@seehof-walchensee.de, www.seehof-walchensee.de, ÜF DZ ab € 31 p. P., pilgerfreundliche Unterkunft

Hotel Schwaigerhof, Seestraße 42, 82432 Walchensee, ☏ 088 58/920 20, info@schwaigerhof.de, www.schwaigerhof.de, ÜF ab € 30 p. P.

♦ Haus Reindl, Am Silbertsgraben 14, 82432 Walchensee, ☏ 088 58/341, ÜF ab € 25

♦ Haus Lobisau, Lobisau 5, 82432 Walchensee, ☏ 088 58/92 90 37, ÜF ab € 22

Seestüberl, Seestraße 62, 82432 Walchensee, ☏ 088 58/92 99 47, info@seestueberl.de, www.seestueberl.de

Strandcafé Bucherer, Seestraße 1, 82432 Walchensee, ☏ 088 58/92 05 93, info@strandcafe-bucherer.de, www.strandcafe-bucherer.de

Herzogstandbahn, am Ortsbeginn von Walchensee, Berg- und Talfahrt € 12,50 für Erwachsene, € 6,50 für Kinder

Linie 9608 von Kochel am See, Fahrplanauskunft unter www.rvo-bus.de

✞ Kirche St. Jakob

⊙ Pilgerstempel: Talstation Herzogstandbahn, Tourist Information

Auch der Ort Walchensee gehört zur Gemeinde Kochel. Bereits 1130 wurde das Westufer des Walchensees gerodet und das erste Haus erbaut. Die Initiative ging auf Abt Konrad von Benediktbeuern zurück. 1291 wurde die Kirche St. Jakobus eingeweiht. Die heutige Kirche entstand 1603 und wurde im Jahre 1712 im Barockstil umgebaut.

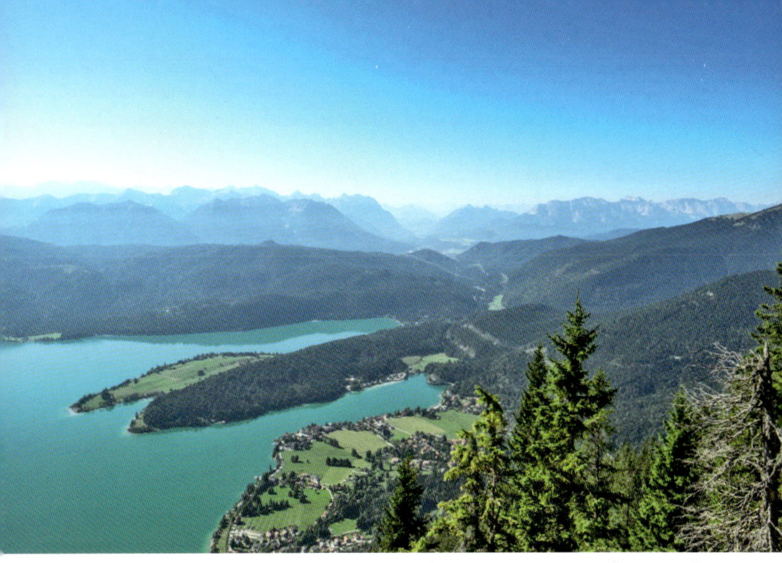

Wer einen Tag Zeit hat sollte diesen zu einem Ausflug mit der Herzogstandbahn nutzen

Auf der Halbinsel Zwergern befinden sich noch zwei Kirchen: das Kirchlein St. Margaret, die älteste Kirche am See, und das Klösterl St. Anna. Das Klösterl wurde von Wolfgang Holzner gegründet. Dieser schloss sich 1669 Eremiten in Südtirol an. Nach der Aufnahme in den Dritten Orden der Karmeliter erhielt er den Namen Frater Onuphrius. Die bayerische Kurfürstin Maria Antonia war damals Unterstützerin der Eremiten. Sie sorgte dafür, dass ihm auf der Halbinsel Zwergern ein Bauplatz angeboten wurde. Im September 1689 wurde die Kirche eingeweiht. 1725 mussten die Eremiten ausziehen und das Klösterl ging an das Kloster Benediktbeuern. Nach der Säkularisation war es der Wohnsitz der Pfarrer von Walchensee und Jachenau.

Ab 1968 stand das Gebäude leer und wurde ziemlich stark geplündert. Ab 1979 sorgte die Diözese Augsburg für eine grundlegende Renovierung. Seit 1989 ist das Klösterl ein Jugendhaus der Diözese.

Am Ortseingang befindet sich die 🚡 Herzogstandbahn. Mit dieser können Sie zur Bergstation am Fahrenbergkopf hinaufschweben. Von hier oben genießen Sie einen wunderbaren Ausblick auf den Walchensee und ins Karwendelgebirge. Das altehrwürdige Herzogstandhaus, das König Ludwig II erbauen ließ, steht seit einem Großbrand nicht mehr. Auch die Aussichtspavillons auf den Gipfeln fielen Blitzen zum Opfer. Trotzdem lohnt ein Abstecher auf Fahrenbergkopf, Martinskopf oder Herzogstand. Die Aussicht auf den Walchensee, zum Karwendelgebirge oder dem Wetterstein ist immer noch genauso fantastisch wie zur damaligen Zeit.

Im Ort Walchensee befindet sich das Wikingerdorf Flake, das dem bayerischen Filmemacher Michael „Bully" Herbig als Kulisse für seinen Film „Wickie und die starken Männer" diente. Das Dorf wurde nach den Dreharbeiten stehen gelassen, so dass es heute noch besichtigt werden kann.

An schönen Sommertagen ist der Walchensee ein beliebtes Ausflugsziel und regelrecht überlaufen.

Der Abschnitt über die alte Kesselbergstraße verläuft auf einer steilen Schotterstraße. Hier müssen ungeübte Fahrradfahrer schieben. Eine Alternative ist die Befahrung der Bundesstraße B11 über den Kesselberg. Aufgrund des hohen Verkehrsaufkommens am Wochenende empfiehlt sich dies allerdings nur unter der Woche. Gleiches gilt für die Weiterfahrt von der Kesselberghöhe bis zum Ort Walchensee. Auch hier müssen Sie entlang der Bundesstraße fahren (kein Fahrradweg).

7. Von Walchensee nach Wallgau

13 km, 4 Std., ↑ 255 m, ↓ 190 m, ⇧ 809-904 m

0,0 km	⇧ 813 m	Walchensee
5,6 km	⇧ 812 m	Einsiedl
13,0 km	⇧ 866 m	Wallgau

Vom Ort **Walchensee** wandern Sie entlang der Straße nach Lobesau. Hier folgen Sie dem Wander- und Radweg auf die Halbinsel Zwergern. Sie kommen am Campingplatz vorbei und wandern unterhalb des Katzenkopfes zum Klösterl St. Anna. Wenig später passieren Sie den Abzweig zum Kircherl St. Margaret. Sie spazieren nun weiter auf dem Weg, der Sie am See entlang nach **Einsiedl** bringt.

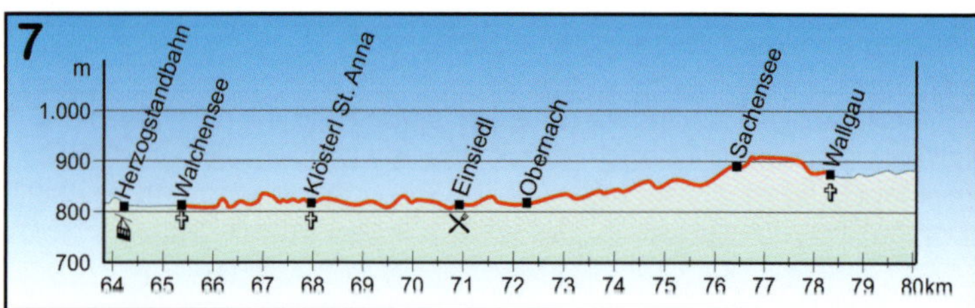

Einsiedl

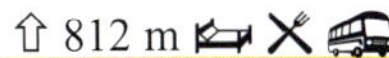

Seehotel und Gasthaus Einsiedl, Einsiedl 1, 82432 Walchensee, ☏ 088 58/90 10, mail@hotelamwalchensee.de, www.hotelamwalchensee.de, ÜF EZ ab € 38, ÜF DZ ab € 39 p. P., pilgerfreundliche Unterkunft

Linie 9608 von Kochel am See, Fahrplanauskunft unter www.rvo-bus.de

Einsiedl ist eine kleine Ansiedlung am Walchensee. Die Häuser nördlich des Obernachkanals gehören noch zur Gemeinde Kochel am See. Die Gebäude, die sich südlich des Kanals befinden, gehören zur Gemeinde Jachenau. In Einsiedl zweigt die Mautstraße in die Jachenau ab.

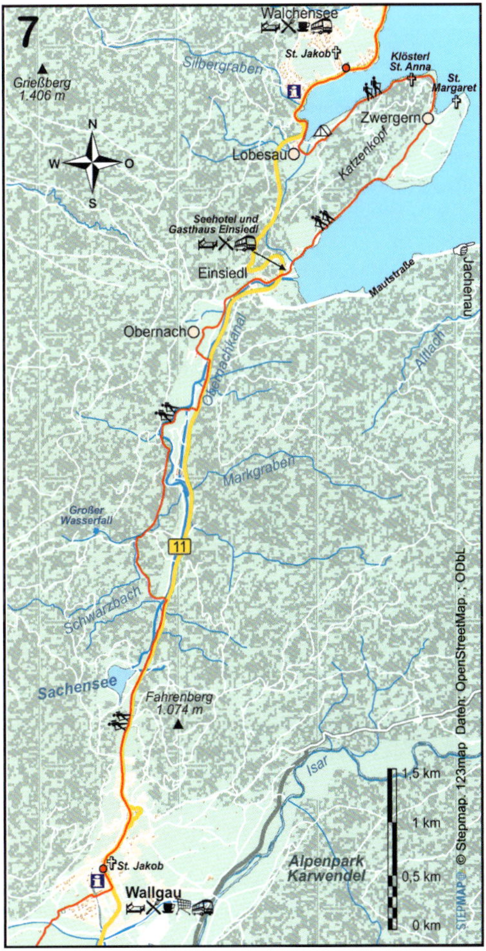

In **Einsiedl** überqueren Sie die Bundesstraße B11 und wandern weiter zum Weiler Obernach. Nach dem Sägewerk biegen Sie nach rechts ab und folgen dem Weg entlang der Obernach. Sie kommen an einer Wegverzweigung vorbei. Von hier führt ein Wanderweg zum Großen Wasserfall. Der kurze Abstecher lohnt sich auf alle Fälle. Wieder zurück am Jakobsweg wandern Sie wieder hinunter zum Obernachkanal und zur B11. Entlang des Kanals gehen Sie am Sachensee vorbei in Richtung Wallgau. Kurz vor Wallgau öffnet sich plötzlich die Landschaft und Sie genießen einen traumhaften Blick auf das Karwendelgebirge. Entlang der Straße wandern Sie zur Ortsmitte von **Wallgau**.

Wallgau 1.434 Ew. ⇧ 866 m

Tourist Information, Mittenwalder Straße 8, 82499 Wallgau, ☏ 088 25/92 50 50, touristinfo@wallgau.de, www.alpenwelt-karwendel.de/tourist-information-wallgau

Parkhotel, Barmseestraße 1, 82499 Wallgau, ☏ 088 25/290, info@parkhotel-wallgau.de, www.parkhotel-wallgau.de, ÜF EZ ab € 85, ÜF DZ ab € 75 p. P.

♦ Hotel Zur Post, Dorfplatz 6, 82499 Wallgau, ☏ 088 25/91 90, info@posthotel-wallgau.de, www.posthotel-wallgau.de, ÜF EZ ab € 45, ÜF DZ ab € 45 p. P.

Das Hotel Post in Wallgau mit schöner Lüftlmalerei

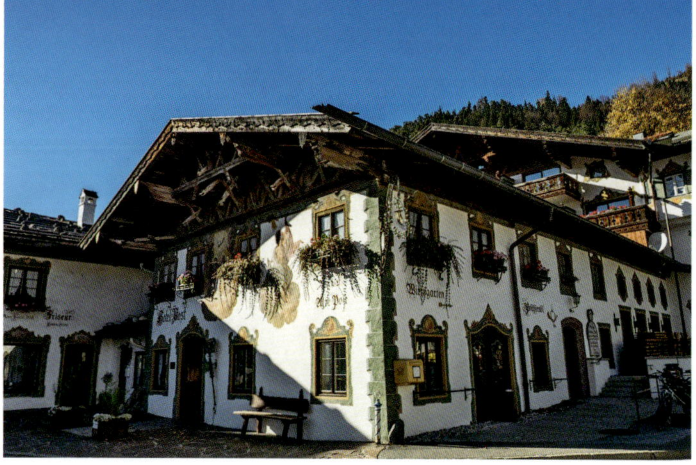

♦ Hotel Wallgauer Hof, Isarstraße 15, 82499 Wallgau, ☏ 088 25/921 00, info@wallgauer-hof.de, www.wallgauer-hof.de, ÜF EZ ab € 48, ÜF DZ ab € 41 p. P.

♦ Hotel Alpenhof, Mittenwalder Straße 28, 82499 Wallgau, ☏ 088 25/20 90, hotel@alpenhof-wallgau.de, www.alpenhof-wallgau.de, ÜF EZ ab € 46, ÜF DZ ab € 32 p. P.

- ♦ Panorama-Restaurant-Café-Hotel Karwendelhof, Walchenseestraße 18, 82499 Wallgau, ☏ 088 25/92 19 87, ✉ hotelkarwendelhof@t-online.de, 💻 www.hotelkarwendelhof.de, ÜF ab € 59 p. P., pilgerfreundliche Unterkunft
- ♦ Gasthaus Zum weißen Rössl, Flößerstraße 8, 82499 Wallgau, ☏ 088 25/386, ✉ info@weisses-roessl-wallgau.de, 💻 www.weisses-roessl-wallgau.de, ÜF EZ ab € 30, ÜF DZ ab € 35 p. P., pilgerfreundliche Unterkunft
- ♦ Gasthof Isartal, Dorfplatz 2, 82499 Wallgau, ☏ 088 25/10 44, ✉ info@gasthof-isartal.de, 💻 www.gasthof-isartal.de, ÜF ab € 32 p. P.
- 🛏 ☕ Holzer's Café Alpenblick, Mittenwalder Straße 1, 82499 Wallgau, ☏ 088 25/20 72, ✉ info@holzers-alpenblick.de, 💻 www.holzers-alpenblick.de, pilgerfreundliche Unterkunft
- 🛏 Gästehaus Ferienglück, Barmseestraße 9, 82499 Wallgau, ☏ 088 25/23 28, ✉ ferienglueck-wallgau@t-online.de, 💻 www.ferienglueck-wallgau.de, ÜF EZ ab € 25, ÜF DZ ab € 20, pilgerfreundliche Unterkunft
- ♦ Haus Alpengruß, Sonnleiten 3, 82499 Wallgau, ✉ info@alpengruss-wallgau.de, 💻 www.alpengruss-wallgau.de, ÜF ab € 23, pilgerfreundliche Unterkunft
- ♦ Haus Felsenfest, Sonnleiten 4, 82499 Wallgau, ☏ 088 25/694, ÜF EZ ab € 14,50, DZ ÜF ab € 14,50 p. P., pilgerfreundliche Unterkunft
- ♦ Haus Bergzauber, Wettersteinstraße 8, 82499 Wallgau, ☏ 088 25/512, ✉ info@haus-bergzauber.de, 💻 www.haus-bergzauber.de, Ü ab € 36 pro Nacht, pilgerfreundliche Unterkunft
- ♦ Gästehaus Schöffmann, Wettersteinstraße 2, 82499 Wallgau, ☏ 088 25/14 98, ✉ e-schoeffmann@t-online.de, 💻 www.gaestehaus-schoeffmann.de, ÜF EZ ab € 25, ÜF DZ ab € 20 p. P., pilgerfreundliche Unterkunft
- ♦ Schwaigerhof, Isarstraße 13, 82499 Wallgau, ☏ 088 25/387, ✉ info@schwaigerhof.ghak.de, 💻 www.schwaigerhof.ghak.de, ÜF DZ ab € 18 p. P., pilgerfreundliche Unterkunft
- ♦ Gästehaus Zunterer, Mittenwalder Straße 3, 82499 Wallgau, ☏ 088 25/20 21, ✉ info@zunterer-wallgau.de, 💻 www.zunterer-wallgau.de, ÜF EZ ab € 37 (mit Etagendusche), ÜF DZ und MBZ ab € 39, DZ zur Einzelnutzung € 45, pilgerfreundliche Unterkunft
- ♦ Gästehaus Kramerhof, Otenwanger Weg 2, 82499 Wallgau, ☏ 088 25/95 21 20, ✉ info@kramerhof.net, 💻 www.kramerhof.net, Ü ab € 43 pro Nacht, pilgerfreundliche Unterkunft
- ♦ Gästehaus Breith, Wettersteinstraße 9, 82499 Wallgau, ☏ 088 25/14 95, ✉ fam.breith@t-online.de, 💻 www.gaestehaus-breith.de, ÜF DZ ab € 23, pilgerfreundliche Unterkunft
- ♦ Gästehaus Fischerbauer, Kalkbrennerstraße 2, 82499 Wallgau, ☏ 088 25/340, ✉ jakob.neubauer@t-online.de, 💻 www.fischerbauer.de, ÜF DZ ab € 20, pilgerfreundliche Unterkunft

Bauernhof Pension Zum Liendl, Walchenseestraße 7, 82499 Wallgau, ☎ 088 25/583, ÜF ab € 16 p. P.

Rathausstube, Mittenwalder Straße 5, 82499 Wallgau, ☎ 088 25/411

Bus Linie 9608 nach Garmisch-Partenkirchen oder Kochel am See (mehrmals täglich), Fahrplaninformationen unter www.rvo-bus.de

Kirche St. Jakob

Pilgerstempel: Tourist-Information, Kirche St. Jakob

Die erste Erwähnung Wallgaus findet sich in der Gründungsurkunde des Klosters Scharnitz aus dem Jahr 763 als „Walhogol“. Dieser Begriff bedeutet Gau der Walchen. Mit Walchen oder Welschen sind römische Siedler oder ehemalige Legionäre gemeint, die hier vor den Bajuwaren Zuflucht fanden.

Die Ehrenglocke des Veteranen- und Kriegervereines steht neben der Pfarrkirche St. Jakob

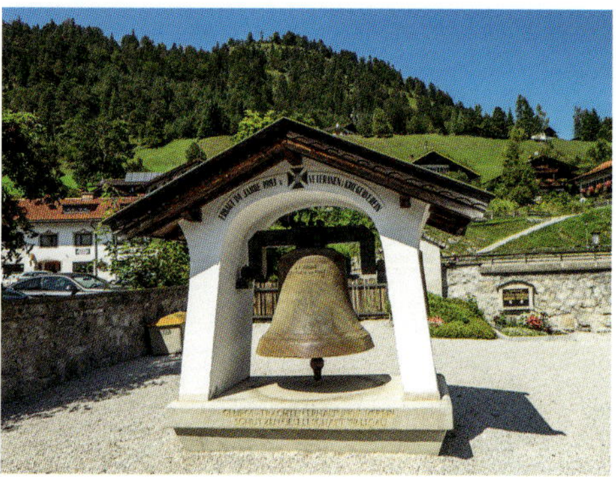

Das Dorf liegt an der Route über den Kesselberg. Bereits im Mittelalter diente dieser Weg als Pilgerweg nach Santiago de Compostela. Deshalb wurde die Kirche in Wallgau auch zu Ehren von St. Jakobus geweiht. Der Apostel Jakobus gilt bekanntlich als Patron der Pilger. Im Wallgauer Wappen finden Sie die silberne Pilgermuschel.

Zudem profitierte der Ort damals von der Flößerei auf der Isar.

Aufgrund der großartigen Lage im Werdenfelser Land zu Füßen von Karwendelgebirge und Wetterstein entwickelte sich der Ort im 20. Jahrhundert immer mehr zu einem beliebten Ziel für Touristen.

Die erste Kirche in Wallgau wurde 1295 gebaut. Im 15. Jahrhundert entstand ein Neubau im gotischen Stil. Ab 1680 wurden der Zwiebelturm sowie ein Totenhaus und ein Hochaltar erbaut. Der Kirchturm wurde später erneuert. Die letzte Renovierung der Kirche erfolgte im Jahr 2007, als die alte Orgel durch eine neue ersetzt wurde.

Bekannt wurde Wallgau vor allem durch die ehemalige Weltklasse-Biathletin Magdalena Neuner, die aus Wallgau stammt.

Die Etappe verläuft komplett auf ausgeschilderten Fahrradrouten und ist daher gut mit dem Fahrrad zu befahren.

8. Von Wallgau nach Mittenwald

12,5 km, 4 Std., 210 m, 160 m, 866-989 m

0,0 km	866 m	Wallgau
3,2 km	875 m	Krün
4,5 km	921 m	Kapelle Maria Rast
12,5 km	911 m	Mittenwald

Die Originaletappe (gemäß Homepage des Fördervereins) des Jakobsweges führt eigentlich nur nach Krün. Da dies aber nur etwas mehr als 3 km Entfernung sind, haben wir diese Etappe mit der nächsten Etappe bis nach Mittenwald zusammengefasst.

Sie können natürlich auch in Krün die Etappe beenden und dort übernachten.

In **Wallgau** wandern Sie entlang der Mittenwalder Straße in Richtung Krün, bis nach rechts die Wettersteinstraße abzweigt. Auf dieser spazieren Sie zum Obernachkanal, den Sie überqueren. Gleich danach gehen Sie nach rechts, um dann an der folgenden T-Kreuzung nach links in die Zugspitzstraße einzubiegen. Sie wandern am Haus des Gastes und Tennisplätzen vorbei. An der Barmseestraße wenden Sie sich nach links. An der nächsten Wegkreuzung gehen Sie geradeaus weiter und überqueren das häufig trockene Bett des Finzbaches. Der Weg führt nun immer in südwestlicher Richtung über freie Wiesen. Dabei genießen Sie einen grandiosen Blick auf Wetterstein- und Karwendelgebirge. An der Wegkreuzung vor dem Maximilianshof biegen Sie nach links ab und wandern in die Ortsmitte von **Krün**.

Krün 1.879 Ew. 875m

Tourist-Information Krün, Rathausplatz 1, 82494 Krün, ☏ 088 25/10 94, touristinfo@kruen.de, www.kruen-info.de

Krüner Stub'n, Soiernstraße 4, 82494 Krün, ☏ 088 25/92 14 30, info@kruener-stubn.de, www.kruener-stubn.de, ÜF ab € 33 p. P.

♦ Hotel Alpenhof, Edelweißstraße 11, 82494 Krün, ☏ 088 25/10 14, hotel@alpenhof-kruen.de, www.alpenhof-kruen.de, ÜHP EZ ab € 65,50, ÜHP DZ ab € 63 p. P.

♦ Landhotel Zum Bad, Am Bärnbichl 22, 82494 Krün, ☏ 088 25/920 90, info@landhotel-zum-bad.de, www.landhotel-zum-bad.de, ÜF EZ ab € 61, ÜF DZ ab € 54 p. P.

- Gasthof Schöttlkarspitz, Karwendestraße 10, 82494 Krün, ☏ 088 25/20 05, info@gasthof-schoettlkarspitz.de, www.gasthof-schoettlkarspitz.de, ÜF EZ ab € 33,50, ÜF DZ ab € 31 p. P.
- ♦ Hotel Restaurant Bayerischer Hof, Walchenseestraße 36, 82494 Krün, ☏ 088 25/10 43, hotel@bayerischer-hof-kruen.de, www.bayerischer-hof-kruen.de, ÜF EZ ab € 42, ÜF DZ ab € 35 p. P.
- Gästehaus Berghof, Wettersteinstraße 1, 82494 Krün, ☏ 088 25/310, info@berghof-kruen.de, www.berghof-kruen.de, ÜF EZ ab € 26, ÜF DZ ab € 24 p. P., pilgerfreundliche Unterkunft
- ♦ Hotel Pension Alpenglüh'n, Kranzbachstraße 10, 82494 Krün, ☏ 088 25/20 82, info@hotel-alpengluehn.de, www.hotel-alpengluehn.de, ÜF EZ ab € 27, ÜF DZ ab € 25 p. P., pilgerfreundliche Unterkunft
- ♦ Pension Johannihof, Edelweißstraße 20, 82494 Krün, ☏ 088 25/439, info@johannihof.de, www.johannihof.de, ÜF ab € 23 p. P., pilgerfreundliche Unterkunft
- ♦ Gästehaus Alpina, Buckelwiesenweg 5, 82494 Krün, ☏ 088 25/20 04, info@ferienhaus-alpina.de, www.ferienhaus-alpina.de, ÜF DZ ab € 23 p. P.
- ♦ Gästehaus Im Gries, Griesweg 1, 82494 Krün, ☏ 088 25/696, gaestehaus-im-gries@t-online.de, www.gaestehaus-im-gries.de, ÜF DZ ab € 23
- ♦ Gästehaus Gebirgsblick, Krottenkopfstraße 18, 82494 Krün, ☏ 088 25/23 65, info@gebirgsblick-kruen.de, www.gebirgsblick-kruen.de, ÜF DZ ab € 26
- ♦ Gästehaus Wurmer, Krottenkopfstraße 10, 82494 Krün, ☏ 088 25/14 94, info@gaestehaus-wurmer.de, www.gaestehaus-wurmer.de, ÜF EZ ab € 37, ÜF DZ ab € 35 p. P.
- ♦ Landhaus Herzogsteig, Im Gschwand 19, 82494 Krün, info@herzogsteig.de, www.herzogsteig.de, ÜF EZ ab € 23,50, ÜF DZ ab € 22,50
- ♦ Gästehaus Alpenecho, Karwendelstraße 24, 82494 Krün, ☏ 088 25/14 08, haus-alpenecho@gmx.de, www.alpenecho.info, ÜF EZ € 22 p. P.
- ♦ Gästehaus Karwendelhof und Sonnenschein, Ramweg 1, 82494 Krün, ☏ 088 25/327, karwendelhof-kruen@t-online.de, ÜF DZ ab € 20
- Café-Landhaus Pfeiffer, Grasbergweg 5, 82494 Krün, ☏ 088 25/921 10, info@cafe-pfeiffer.de, www.cafe-pfeiffer.de, ÜF DZ ab € 28,50
- Buslinie 9608 nach Kochel am See oder Garmisch-Partenkirchen (mehrmals täglich), Fahrplaninformationen unter www.rvo-bus.de
- ✝ St. Sebastian
- ⊙ Pilgerstempel: Tourist-Information

Krün liegt im Hochtal der oberen Isar. Die Gemeinde besteht aus den Orten Krün, Barmsee, Tennsee, Klais, Gerold, Kranzbach, Elmau und Plattele. Erstmals wurde Krün im Jahre 1294 urkundlich erwähnt. 1491 wurde Krün vom Kloster

Benediktbeuern an das Hochstift Freising verkauft.

Früher war der Haupterwerb in dem kleinen Ort die Flößerei auf der Isar sowie Holz- und Landwirtschaft. Mit dem Bau des Walchenseekraftwerkes 1923 musste die Flößerei eingestellt werden.

Seitdem hat sich Krün zu einem beliebten Urlaubsort entwickelt. Es bildet gemeinsam mit dem benachbarten Wallgau ein Langlaufzentrum im Winter. Aber auch im Sommer laden die Berggipfel um Krün zum Wandern ein. Oberhalb von Krün befinden sich die Soiernseen, an dessen Ufern der bayerische Märchenkönig Ludwig II. Jagdhäuser erbauen ließ. Auf dem Gipfel der

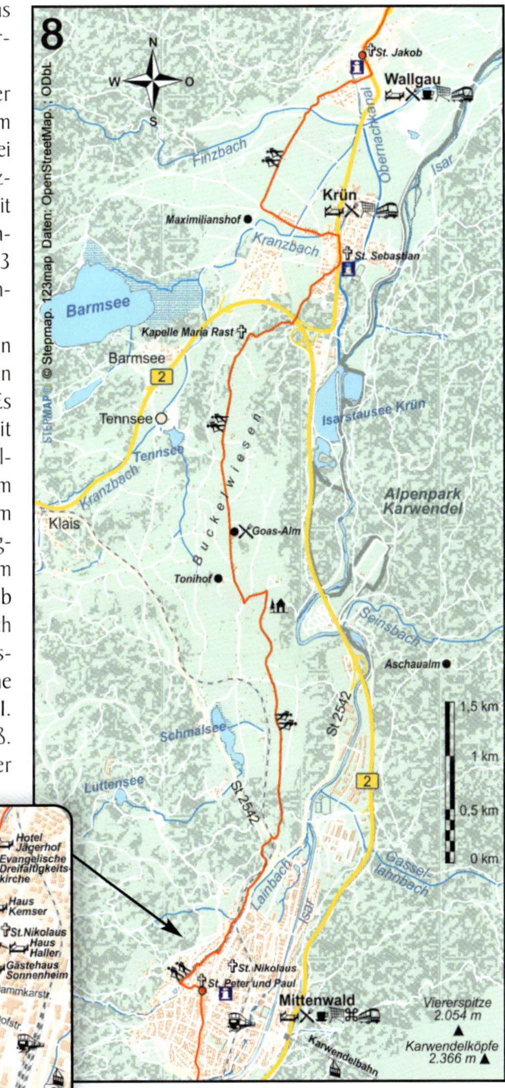

Schöttelkarspitze errichtete er einen Pavillon. Dieser ist heute nicht mehr erhalten. Der Gipfel bietet aber immer noch einen wunderschönen Tiefblick auf Krün.

Die Barockkirche St. Sebastian

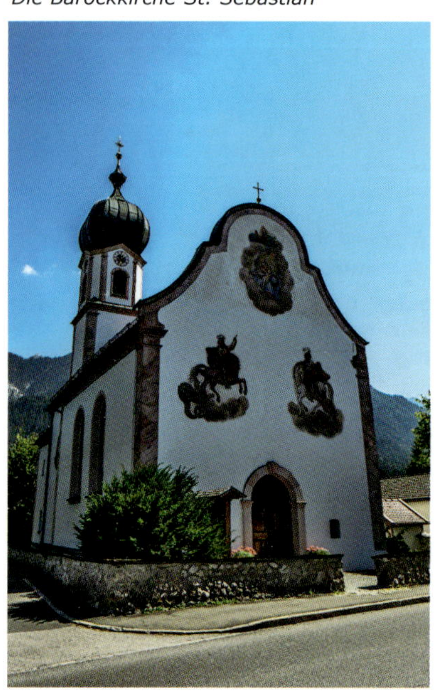

Die Barockkirche St. Sebastian in Krün stammt aus dem 18. Jahrhundert. Während das Äußere der Kirche betont schlicht ist, werden Sie im Gegensatz dazu von einem eleganten Innenraum überrascht.

In der Kirche befindet sich eine Kreuzreliquie. Otto Freiherr von Ritter zu Groenesteyn erhielt für seine Verdienste als Gesandter des Heiligen Stuhls als Abschiedsgeschenk von Papst Pius XI. eine Kreuzreliquie mit einem Splitter des heiligen Kreuzes von Jesus Christus. Er ließ ein Reliquiar anfertigen, das er der Kirche St. Sebastian stiftete.

🚶 In **Krün** wandern Sie entlang der Hauptstraße an der ✞ Kirche St. Sebastian vorbei, bis von rechts die Feldstraße einmündet, auf der Sie geradeaus in die Reiterspitzstraße spazieren. Diese bringt Sie in südwestlicher Richtung aus dem Ort hinaus. Sie wandern durch eine Unterführung, über der die Bundesstraße B2 verläuft. Der Weg führt in den Wald und bringt Sie nach rechts hinauf zur Hochstraße. Hier steht die Kapelle ✞ **Maria Rast**.

Maria Rast ⇧ 921 m ✞

✞ Kapelle Maria Rast

Die Kapelle Maria Rast wurde im Oktober 1998 eingeweiht. Sie steht auf den Buckelwiesen und bietet eine wunderschöne Aussicht auf das Wettersteingebirge. Eine kurze Rast mit einem Gebet an diesem wunderschönen Fleckchen empfiehlt sich sehr.

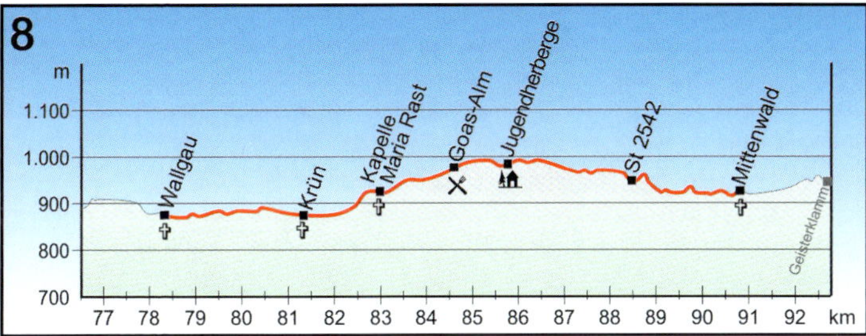

Die Buckelwiesen sind eine geomorphologische Besonderheit. Die Bodenwellen entstanden am Ende der Würmeiszeit, als der Isargletscher den Schotter der Möränen zu den Bodenwellen zusammenschob. In der Folge der Jahrhunderte prägten sich die Formationen deutlicher aus. Ebenso siedelten sich Pflanzen an. Zuerst Flechten und Moose, danach Birken und schließlich Bergmischwälder. Später wurden die Flächen gerodet und zu einer Kulturlandschaft geformt. Erste Rodungen erfolgten bereits im 8. Jahrhundert. Um 1920 gab es noch 63.000 Hektar an derartigen Landschaftsformationen in Bayern. Heute sind noch 1.200 Hektar erhalten, davon 1.000 Hektar im Bereich um Mittenwald. Häufig wurden die Buckelwiesen von Bauern eingeebnet, um sie leichter bewirtschaften zu können. Noch vor dem Zweiten Weltkrieg richteten die Nationalsozialisten in der Umgebung Lager ein, um die Wiesen einzuebnen. Die Pläne, in dem Gebiet eine Großsiedlung anzulegen, wurden nicht verwirklicht. Heute stehen die Wiesen unter Naturschutz. Die Bauern, die die Wiesen traditionell bewirtschaften, bekommen von der EU Zuschüsse. Viele seltene Pflanzen wachsen auf den Wiesen.

Von der ✝ Kapelle **Maria Rast** folgen Sie nun der Hochstraße in südwestlicher Richtung über den Höhenrücken der Buckelwiesen. Dabei genießen Sie ein traumhaftes Alpenpanorama. Sie gelangen zur ✕ Goas-Alm, in der Sie einkehren können. Wenig später führt Sie der Pilgerweg nach links und biegt dann an der Jugendherberge wieder nach rechts ab. Sie wandern nun in südlicher Richtung direkt auf Mittenwald zu. Der Weg bringt Sie zu den Bahngleisen und einer Staatsstraße. Beide überqueren Sie. Anschließend steigen Sie Treppen zu einem Weg hinauf, auf dem Sie nach Mittenwald wandern. Sie erreichen die Goethestraße. Sie folgen dieser bis nach links die Straße Am Anger abzweigt. An den folgenden beiden Verzweigungen gehen Sie nach rechts und erreichen wieder die Goethestraße. Über diese spazieren Sie bis zur Straße Im Gries. Hier wenden Sie sich nach links und kommen in das Zentrum von **Mittenwald**.

Mittenwald

7.325 Ew. ⇧ 911 m

Tourist-Information Mittenwald, Dammkarstraße 3, 82481 Mittenwald, ☏ 088 23/339 81, touristinfo@mittenwald.de, www.mittenwald.de

Post-Hotel, Obermarkt 9, 82481 Mittenwald, ☏ 088 23/938 23 33, info@posthotel-mittenwald.de, www.posthotel-mittenwald.de, ÜF ab € 55 p. P.

♦ Alpenhotel Rieger, Dekan-Karl-Platz 28, 82481 Mittenwald, ☏ 088 23/925 00, info@hotel-rieger.de, www.hotel-rieger.de, ÜF EZ ab € 48, ÜF DZ ab € 41 p. P.

♦ Hotel Jägerhof, Partenkirchner Straße 35, 82481 Mittenwald, ☏ 088 23/922 80, www.hotel-jaegerhof.com, ÜF EZ ab € 45, ÜF DZ ab € 36 p. P., pilgerfreundliche Unterkunft

Gästehaus Bichlerhof, Adolf-Baader-Straße 5, 82481 Mittenwald, ☏ 088 23/91 90, bichlerhof.mittenwald@t-online.de, www.bichlerhof-mittenwald.de, ÜF EZ ab € 35, ÜF DZ ab € 38,25 p. P.

♦ Hotel Landhaus Lischka, Riedkopfstraße 2, 82481 Mittenwald, ☏ 088 23/93 76 42, info@landhaus-lischka.de, www.landhaus-lischka.de, ÜF € 38 p. P.

♦ Gästehaus Edlhuber, Innsbrucker Straße 33, 82481 Mittenwald, ☏ 088 23/13 89, info@edlhuber-mittenwald.de, www.edlhuber-mittenwald.de, ÜF EZ ab € 35, ÜF DZ ab € 30 p. P., pilgerfreundliche Unterkunft

♦ Haus Kemser, St. Nikolausweg 2a, 82481 Mittenwald, ☏ 088 23/25 70, ÜF ab € 20 p. P., pilgerfreundliche Unterkunft

♦ Gästehaus Döring, Im Schwarzenfeld 38, 82481 Mittenwald, ☏ 088 23/80 90, doering@mittenwald.de, www.doering-mittenwald.de, ÜF EZ ab € 40, ÜF DZ ab € 30 p. P., pilgerfreundliche Unterkunft

♦ Haus Hans Haller, Untermarkt 54, 82481 Mittenwald, ☏ 088 23/22 00, ÜF EZ ab € 26, ÜF DZ ab € 21 p. P., pilgerfreundliche Unterkunft

♦ Gästehaus Franziska, Innsbrucker Straße 24, 82481 Mittenwald, ☏ 088 23/920 30, info@franziska-tourismus.de, www.franziska-tourismus.de, ÜF EZ ab € 45, ÜF DZ ab € 40 p. P.

♦ Landhaus Sonnenbichl, Klausnerweg 32, 82481 Mittenwald, ☏ 088 23/922 30, info@sonnenbichl-mittenwald.de, www.sonnenbichl-mittenwald.de, ÜF EZ ab € 50, ÜF DZ ab € 30 p. P.

♦ Gästehaus Sonnenheim, Dammkarstraße 5, 82481 Mittenwald, ☏ 088 23/921 60, info@sonnenheim-tourismus.de, www.sonnenheim-tourismus.de, ÜF EZ ab € 48, ÜF DZ ab € 43

♦ Hotel-Garni Drachenburg, Im Kreuth 7, 82481 Mittenwald, ☏ 088 23/923 00, info@hotel-drachenburg.de, www.hotel-drachenburg.de, ÜF EZ ab € 60, UF DZ ab € 50 p. P.

✕ Brauereigaststätte Postkeller, Innsbrucker Straße 13, 82481 Mittenwald, ☏ 088 23/937 94 80, 💻 www.brauereigaststaette-postkeller.de

♦ Da Mamma Lucia, Untermarkt 22, 82481 Mittenwald, ☏ 088 23/57 77, 💻 www.mammalucia.de

♦ Das Marktrestaurant, Dekan-Karl-Platz 21, 82481 Mittenwald, ☏ 088 23/926 95 95, 💻 www.das-marktrestaurant.de

♦ Flößerstüberl, Stainergasse 19, 82481 Mittenwald, ☏ 088 23/80 43

♦ Gasthof Gries, Im Gries 39, 82481 Mittenwald, ☏ 088 23/14 71, 💻 www.gasthof-gries-mittenwald.de

♦ Gasthof Römerschanz, Innsbrucker Str. 30, 82481 Mittenwald, ☏ 088 23/938 13 33

♦ Gasthof Stern, Fritz-Prölß-Platz 21, 82481 Mittenwald, ☏ 088 23/83 58, 💻 www.stern-mittenwald.de

♦ Gaststätte Am Kurpark, Ludwig-Murr-Straße 34, 82481 Mittenwald, ☏ 088 23/12 90, 💻 www.gaststaette-am-kurpark.de

♦ Gaststätte Platz'l, Fritz-Prölß-Platz 21, 82481 Mittenwald, ☏ 088 23/80 57

♦ Goas-Alm, Buckelwiesen 5, 82481 Mittenwald, ☏ 088 23/25 73, 💻 www.goas-alm.de

Jugendherberge Mittenwald, Buckelwiesen 7, 82481 Mittenwald, ☏ 088 23/17 01, mittenwald@jugendherberge.de, 💻 www.mittenwald.jugendherberge.de, ab € 22,90

Café Bozner, Obermarkt 54, 82481 Mittenwald, ☏ 088 23/13 50

♦ Café Haller, Hochstraße 16, 82481 Mittenwald, ☏ 088 23/15 69, 💻 www.cafe-haller.de

♦ Café Obermarkt, Obermarkt 24, 82481 Mittenwald, ☏ 088 23/93 79 90

♦ Café Zum Mohren, Bahnhofstraße 13, 82481 Mittenwald, ☏ 088 23/26 89, 💻 www.riegerei.de

♦ Cafébar Paula und Konditorei Fleischmann, Innsbrucker Straße 1, 82481 Mittenwald, ☏ 088 23/92 85 80

♦ Crema Gelato, Bahnhofstraße 7, 82481 Mittenwald, ☏ 088 23/87 29

♦ Eiscafé Venezia, Obermarkt 34, 82481 Mittenwald, ☏ 088 23/93 22 23

Zugverbindung über Garmisch-Partenkirchen nach München bzw. in Richtung Österreich nach Innsbruck (mehrmals täglich), Fahrplaninformationen unter 💻 www.bahn.de

Buslinie 9608 nach Garmisch-Partenkirchen bzw. über Krün nach Kochel am See (mehrmals täglich), Fahrplaninformationen unter 💻 www.rvo-bus.de

⌘ Geigenbaumuseum Mittenwald, Ballenhausgasse 3, 82481 Mittenwald, 01.02. - 15.03., 15.05. - 14.10., 17.12.-06.01. Dienstag bis Sonntag 10:00 - 17:00, ansonsten 11:00 - 16:00, geschlossen 09.11. - 15.12., ☏ 088 23/25 11, 💻 www.geigenbaumuseum-mittenwald.de, Eintritt € 4,50 für Erwachsene, € 2 für Kinder

Karwendelbahn, von Mittenwald zur Karwendelgrube, Mai bis Juni 9:00 - 16:30, Juli bis Oktober 8:30 - 17:00, Berg- und Talfahrt € 26,50 Erwachsene, € 16,50 Kinder

Kath. Kirche St. Peter und Paul, Evangelische Dreifaltigkeitskirche, St. Nikolauskirche

Pilgerstempel: Tourist-Information, Goas-Alm, Evang. Dreifaltigkeitskirche, Kirche St. Peter und Paul

Mittenwald hat eine lange Geigenbauer Tradition

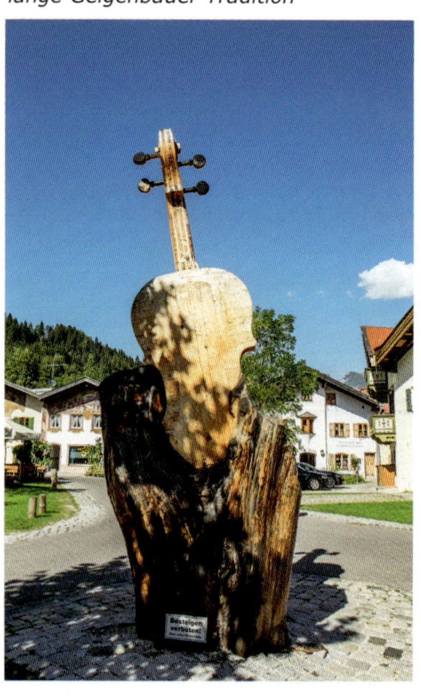

An Mittenwald vorbei verläuft die Via Raetia, eine Römerstraße. Sie führt über den Seefelder Sattel zum Brenner. Nach ihrer Befestigung als Fahrstraße lief sie der Via Claudia Augusta, die über den Fern- und Reschenpass führt, den Rang ab. Erstmals urkundlich erwähnt wurde Mittenwald 1096 als media silva, da es sich um eine Siedlung im Wald handelte. 1305 wurde der Siedlung das Marktrecht verliehen. Für die auf der Isar betriebene Flößerei waren damals die Wälder um Mittenwald die Grundlage.

Es ist einer der Hauptorte der ehemaligen Grafschaft Werdenfels, die bis zur Säkularisation dem Hochstift Freising angehörte.

Im Mittelalter hatte der Ort auf dem Weg von Augsburg/Nürnberg nach Venedig große Bedeutung.

Heute ist Mittenwald ein beliebtes Urlaubsziel. Die Ursprünge der Tourismusentwicklung reichen bis in den Anfang des 20. Jahrhunderts zurück. Grund hierfür ist die Bahnlinie, die 1912 von Garmisch-Partenkirchen nach Innsbruck erbaut wurde. Sie führt direkt über Mittenwald. Wunderschön liegt der Ort zu Füßen des steil aufragenden Karwendelgebirges. Im Westen des Ortes erheben sich das Wettersteingebirge und der steil aufragende Arnspitzstock.

Im Jahre 1930 wurde Mittenwald zum Ausbildungszentrum der Gebirgstruppe der Deutschen Wehrmacht, seit 1956 ist sie dies auch für die nach dem Zweiten Weltkrieg neu gegründete Bundeswehr.

Bekannt ist Mittenwald vor allem für seine Geigenbautradition. Begründet wurde das damals neue Handwerk von Matthias Klotz. Er erlernte sein Handwerk vermutlich im Allgäu und arbeitete danach einige Jahre in Südtirol. Nach seiner Rückkehr nach Mittenwald bildete er in den kommenden Jahren viele Geigenbauer aus. In der Folge entwickelte sich Mittenwald zu einem der bedeutendsten Zentren des Streich- und Zupfinstrumentenbaus in Deutschland. Eine Erzstatue zu seinen Ehren finden Sie vor der Kirche St. Peter und Paul. Das Geigenbaumuseum im Ort zeigt die berühmte Tradition. Die Kirche selbst ist das Wahrzeichen von Mittenwald. Besonders schön ist der bemalte Kirchturm, der sich vor dem Felszacken der Viererspitze erhebt. Die Kirche wurde 1746 fertiggestellt. In Mittenwald gibt es neben der katholischen auch eine evangelische Kirche, die 1938 eingeweiht wurde. Die evangelische Gemeinde zählte zwischenzeitlich sogar 4.000 Mitglieder. Die dritte Kirche im Ort ist die Friedhofskirche St. Nikolaus aus dem 14. Jahrhundert.

Sehr lohnenswert ist ein Ausflug von Mittenwald mit der Seilbahn zur Karwendelgrube. Oben erwarten Sie ein schöner Panoramaweg (1 Stunde) sowie das Naturinformationszentrum in Form eines „Riesenfernrohrs". Darin erhalten Sie wissenswerte Informationen über das Karwendelgebirge mit seinen Tieren und Pflanzen.

Die komplette Etappe ist gut mit dem Fahrrad zu befahren. Lediglich direkt vor Mittenwald bleiben Sie bei der Straßenüberquerung auf der Straße und folgen ihr nach links bis nach Mittenwald.

9. Von Mittenwald in die Leutasch

15,8 km, 5 Std. 30 Min., ↑ 435 m, ↓ 220 m, ⇧ 911-1.147 m

0,0 km	⇧ 911 m	Mittenwald
1,9 km	⇧ 949 m	Leutascher Geisterklamm
5,5 km	⇧ 1.040 m	Unterleutasch
15,8 km	⇧ 1.136 m	Leutasch

Diese Etappe ist der bisher längste Abschnitt auf dem Jakobsweg. Sie sollten inzwischen aber gut eingegangen sein, so dass dies kein Problem darstellen sollte. Sie können die Etappe auch etwas kürzen und bereits im ersten Teil der Leutasch übernachten.

Von **Mittenwald** wandern Sie von der ✝ Kirche St. Peter und Paul in südlicher Richtung über den Obermarkt. Sie erreichen den Dekan-Karl-Platz und nehmen die hier ansetzende Innsbrucker Straße. Sie kommen an die Staatsstraße, der Sie kurz in Richtung Süden folgen. Noch vor der Isar zweigt nach rechts der Jakobsweg auf der Straße Am Köberl ab. Orientierungspunkt dabei ist eine kleine Kapelle auf der rechten Seite und ein kleiner Kanal auf der linken Seite. Sie verlassen bald schon die kleine Straße auf einem geradeaus führenden Weg. Dieser bringt Sie zum Eingang der **Leutascher Geisterklamm**. Hier überqueren Sie die Grenze und betreten Tiroler Boden.

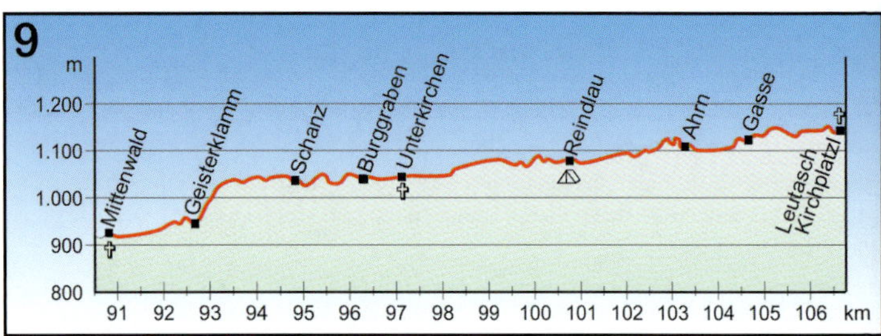

Leutascher Geisterklamm ⇧ 1.040 m

Die komplette, teilweise bis zu 75 m tiefe Klamm wurde erst 2006 durch eine spektakuläre Steiganlage erschlossen. Der Klammgeistweg und der Koboldpfad sind mit vielen Informationstafeln ausgestattet, sodass es sich bei der Begehung um ein richtiges Familienerlebnis handelt. Dabei arbeitet man bewusst mit einer Sage über einen Klammgeist und Kobolde, die in der Klamm hausen sollen. Vor allem Kinder haben ihren Spaß daran.

Beide Wege sind eigentlich als Rundwege ausgelegt. Sie begehen beide Wege, allerdings nicht als Rundwege, sondern hinauf in die Leutasch. Beide Wege kosten Sie keinen Eintritt. Lediglich der schon länger erschlossene Wasserfallsteig kostet Eintritt.

Sie folgen nun an der **Leutascher Geisterklamm** nicht dem geradeaus hochziehenden Wasserfallsteig, sondern den nach rechts führenden Koboldpfad, der Sie in die Klamm führt. Die Klamm selbst ist wirklich sehr beeindruckend. Mit viel Aufwand wurden die Wege durch die Klamm gebaut, sodass sie auch von bergunerfahrenen Wanderern gefahrlos begangen werden können. Teilweise befinden Sie sich 70 m über dem tosenden Wasser. An der Panoramabrücke nehmen Sie nicht den nach links abbiegenden Koboldpfad, sondern wandern auf dem geradeaus führenden Klammgeistweg weiter. Dieser bringt Sie durch die Klamm bis zum Ausgang am Beginn des Leutaschtales. Vom Klammgeistweg zweigt im ersten Drittel ein Steig nach rechts ab. Dieser kurze Abstecher bringt Sie zur ✝

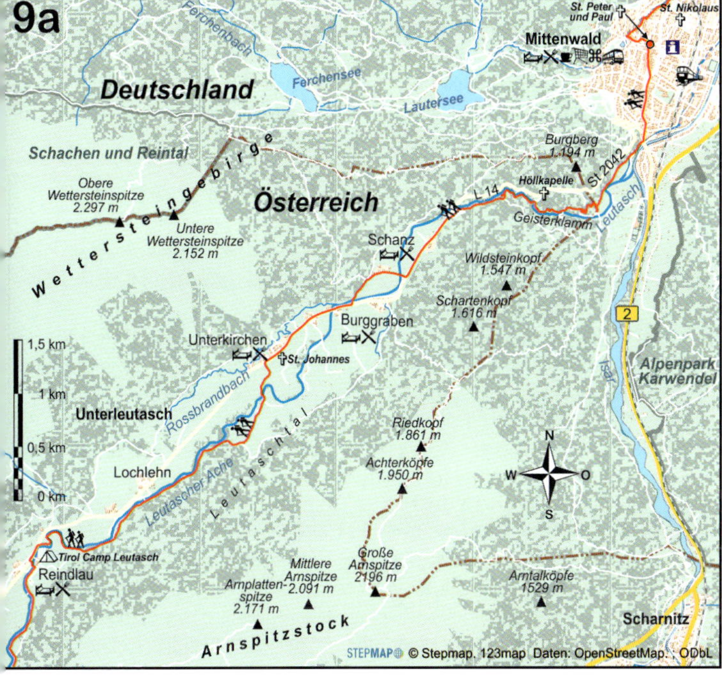

Höllkapelle, die Pilgern geweiht ist. Am Parkplatz der Klamm treffen Sie auf die Straße, die von Mittenwald in die Leutasch führt. Sie gelangen nach Schanz und folgen noch ein Stück der Straße. Vor Burggraben biegen Sie nach rechts ab und wandern an der Zenznkapelle vorbei nach Burggraben. Schanz und Burggraben sind die ersten beiden Ortsteile von **Unterleutasch**.

Unterleutasch ⇧ 693 m

🛏 ✕ Gasthof zur Mühle, Burggraben 264, 6105 Leutasch, ☏ 0043/(0) 52 14/67 12, ✉ info@gasthof-zur-muehle.at, 💻 www.gasthof-zur-muehle.at, ÜF EZ ab € 35, ÜF DZ ab € 33,50 p. P., pilgerfreundliche Unterkunft

♦ Hotel-Gasthof Reitherklause, Unterkirchen 244a, 6105 Leutasch, ☏ 0043/(0) 52 14/203 27, ✉ ideintirol@gmail.com, ÜF EZ ab € 30, ÜF DZ ab € 32,50 p. P.

♦ Hotel Hubertushof, Reindlau 230a, 6105 Leutasch, ☏ 0043/(0) 52 14/65 61, ✉ office@hubertushof-leutasch.at, 💻 www.hubertushof-leutasch.at, HP EZ ab € 77, HP DZ ab € 67

Gasthof Zur Brücke, Burggraben 257, 6105 Leutasch, ☏ 0043/(0) 52 14/62 75, zur.bruecke@aon.at, www.zurbruecke-leutasch.com, Ferienwohnung ab € 26,50 p. P., pilgerfreundliche Unterkunft

♦ Pension Bärenwirt, Schanz 271, 6105 Leutasch, ☏ 0043/(0) 52 14/20 113, info@pension-baerenwirt.at, www.pension-baerenwirt.at, ÜF DZ ab € 43 p. P.

Haus Gabriele, Ahrn 217, 6105 Leutasch, ☏ 0043/(0) 52 14/66 14, ellikirchebner@aon.at, www.haus-gabriele.com, ÜF DBZ € 20 p. P.

♦ Haus Bergwelt, Ahrn 216, 6105 Leutasch, ☏ 0043/(0) 52 14/66 09, hausbergwelt@gmx.at, ÜF DZ ab € 22 p. P., pilgerfreundliche Unterkunft

♦ Haus Dreitorspitze, Puitbach 220, 6105 Leutasch, ☏ 0043/(0) 52 14/202 94, pilgerfreundliche Unterkunft

Tirol Camp Leutasch, Reindlau 230b, 6105 Leutasch, ☏ 0043/(0) 52 14/65 70, info@tirol.camp, www.tirol.camp, ÜF DZ ab € 35, pilgerfreundliche Unterkunft

Gasthaus Klammgeist, Schanz 271, 6105 Leutasch, ☏ 0043/(0) 664/568 33 22, zumklammgeist@aon.at

Linie 4186 von Mittenwald oder Seefeld, Fahrplaninformationen unter www.vvt.at

✞ Pfarrkirche St. Johannes der Täufer in Unterkirchen, mehrere Kapellen

Unterleutasch ist ein Gemeindeteil der Gemeinde Leutasch im Leutaschtal. Es besteht aus den Teilorten Schanz, Burggraben, Unterkirchen, Lochlehn, Reindlau und Puitbach.

Die Porta Claudia war eine Befestigungsanlage am Scharnitzpass, die im 17. Jahrhundert erbaut wurde. Heute sind von der Porta Claudia nur noch Überreste vorhanden. Im Unterleutascher Ortsteil Schanz finden Sie die Reste einer kleinen Schanze.

In Unterkirchen befindet sich eine der beiden Kirchen des Leutaschtales - die Unterleutascher Pfarrkirche, die erst im 19. Jahrhundert erbaut wurde und Johannes dem Täufer geweiht ist. Neben der Kirche gibt es noch 8 Kapellen in Unterleutasch.

Von Burggraben, einem der ersten Orte von **Unterleutasch**, wandern Sie entlang der Fahrstraße nach Unterkirchen, dem Hauptort von Unterleutasch. Unterwegs kommen Sie an der ✞ Franzosenkapelle beim Itzlhof vorbei. In Unterkirchen befindet sich die ✞ Pfarrkirche von St. Johannes dem Täufer.

Kurz nach Unterkirchen biegen Sie auf einem Weg nach links ab. Über freie Wiesen wandern Sie hinüber zur Leutascher Ache. Dort treffen Sie auf einen weiteren Weg, der Sie entlang der Ache taleinwärts bringt. Sie wandern an den Ortsteilen Lochlehn, Reindlau und Puitbach vorbei. Dabei kommen Sie der Fahrstraße immer mal wieder ziemlich nah.

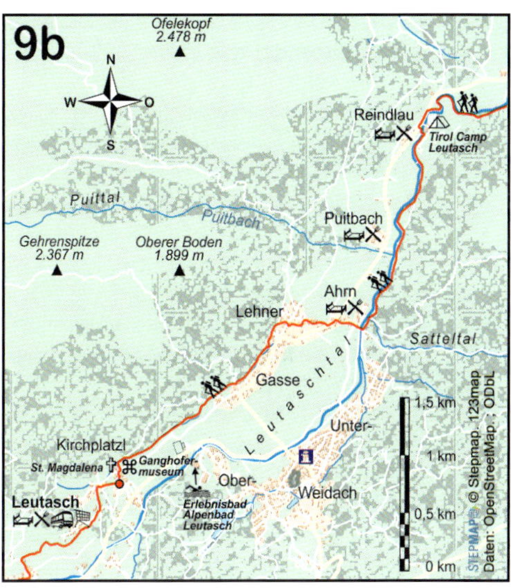

Die Talseite wechseln Sie erst im Ortsteil Ahrn. Sie erreichen den Ortsteil Lehner, folgen kurz der Fahrstraße nach links, verlassen diese aber gleich wieder nach rechts. Sie passieren die Lehnerkapelle und gelangen in den Ortsteil Gasse. Auch in Gasse befindet sich eine kleine Kapelle. Von Gasse spazieren Sie auf dem Jakobsweg am Waldrand entlang bis nach **Leutasch**-Kirchplatzl mit der Leutascher ✞ Pfarrkirche St. Magdalena und dem benachbarten ⌘ Ganghofermuseum. Unterwegs genießen Sie einen grandiosen Blick auf die Hohe Munde, den das Tal überragenden Berg.

☟ Von Gasse gibt es eine beschilderte Wegvariante des Jakobsweges nach Weidach, dem touristischen Zentrum der Leutasch. Diese bringt Sie anschließend ebenfalls nach Kirchplatzl.

Leutasch 2.272 Ew. ⇧ 1.136 m

i Tourimusverband Olympia Region Seefeld - Informationsbüro Leutasch, Weidach 320, 6105 Leutasch, ☏ 0043/(0) 50/880 10, ✉ info.leutasch@seefeld.com, 💻 www.seefeld.com

🛏 ✕ ☕ Pichler's Alpenlodge, Weidach 375a, 6105 Leutasch, ☏ 0043/(0) 52 14/63 29, ✉ info@pichlers-alpenlodge.at, 💻 www.pichlers-alpenlodge.at, ÜF DZ ab € 27, pilgerfreundliche Unterkunft

🛏 ✕ Sporthotel Xander mit Restaurant Kirchenwirt, Kirchplatzl 147, 6105 Leutasch, ☏ 0043/(0) 52 14/65 81, ✉ info@xander-leutasch.at, 💻 www.xander-leutasch.at, ÜF DZ ab € 37 p. P., ÜF FW ab € 59 pro Einheit, pilgerfreundliche Unterkunft

♦ Gasthof Birkegg, Kirchplatzl 129, 6105 Leutasch, ☏ 0043/(0) 52 14/68 54, ✉ birkegg@utanet.at, 💻 www.birkegg.at, ÜF ab € 28 p. P., pilgerfreundliche Unterkunft

- Gasthof zum Hirschen, Obern 40, 6105 Leutasch, ☏ 0043/(0) 52 14/62 54, neuner@platzhirsch-leutasch.at, www.platzhirsch-leutasch.at, ÜF DZ ab € 46,80 p. P.
- ♦ Biohotel Leutascherhof, Weidach 305, 6105 Leutasch, ☏ 0043/(0) 52 14/62 08, info@leutascherhof.at, www.leutascherhof.at, ÜF DZ ab € 64
- ♦ Gasthof Brunelle, Weidach 337, 6105 Leutasch, ☏ 0043/(0) 52 14/200 42, www.gasthof-pension-brunelle.com, ÜF ab € 35 p. P.
- ♦ Gasthof Goldenes Kreuz, Gasse 158, 6105 Leutasch, ☏ 0043/(0)52 14/62 91, gh.goldenes.kreuz@aon.at, www.goldenes-kreuz-leutasch.com, ÜF DZ ab € 30 p. P.
- ♦ Gasthof Rustical, Weidach 277, 6105 Leutasch, ☏ 0043/(0) 676/620 60 07, gasthof.rustical@gmail.com, www.gasthofrustical.com, ÜF EZ ab € 37,80, ÜF DZ ab € 26,80 p. P.
- Hotel Pension Schweizerhof, Emmat 370, 6105 Leutasch, ☏ 0043/(0) 52 14/64 02, info@pension-schweizerhof.de, www.pension-schweizerhof.de, ÜF EZ ab € 41, ÜF DZ ab € 31 p. P., pilgerfreundliche Unterkunft
- ♦ Pleiknerhof, Plaik 86a, 6105 Leutasch, ☏ 0043/(0) 52 14/62 31, pleiknerhof@speed.at, www.pleiknerhof.at, ÜF DZ ab € 28 p. P., pilgerfreundliche Unterkunft
- ♦ Haus Tanneck, Kirchplatzl 128, 6105 Leutasch, ☏ 0043/(0) 52 14/63 12 oder 64 88, roedlach@aon.at, www.haus-tanneck.at, ÜF EZ ab € 21, ÜF DZ ab € 20 p. P., pilgerfreundliche Unterkunft
- ♦ Landhotel Wolf, Obern 28c, 6105 Leutasch, ☏ 0043/(0) 52 14/65 81, info@landhotel-wolf.at, www.landhotel-wolf.at, ÜF EZ ab € 42, ÜF DZ ab € 32 p. P., pilgerfreundliche Unterkunft
- ♦ Pension Alte Schmiede, Platzl 114, 6105 Leutasch, ☏ 0043/(0) 52 14/63 08, info@pension-alte-schmiede.com, www.pension-alte-schmiede.com, ÜF DZ ab € 25 p. P., pilgerfreundliche Unterkunft
- ♦ Haus Michelitsch, Obere Wiese 11, 6105 Leutasch, ☏ 0043/(0) 52 14/65 18, walter.michelitsch@aon.at, http://members.aon.at/haus-michelitsch, ÜF DZ ab € 19 p. P., pilgerfreundliche Unterkunft
- ♦ Chalet Stephan, Plaik 93b, 6105 Leutasch, ☏ 0043/(0) 52 14/67 87, annemarie.neuner@gmail.com, www.chalet-stephan.com, Ü FW ab € 38 pro Einheit, pilgerfreundliche Unterkunft
- ♦ Haus Ahrnspitze, Weidach 346a, 6105 Leutasch, ☏ 0043/(0) 52 14/62 06, haus.ahrnspitze@aon.at, www.haus-ahrnspitze.com, Ü FW ab € 36 pro Einheit, pilgerfreundliche Unterkunft
- ♦ Hotel Tirolerhof, Weidach 308a, 6105 Leutasch, ☏ 0043/(0) 52 14/63 31, www.tirolerhof-leutasch.at, ÜF EZ ab € 50, ÜF DZ ab € 41, pilgerfreundliche Unterkunft

- Gästehaus Austria, Weidach 363D, 6105 Leutasch, ☏ 0043/(0) 52 14/67 50, ✉ albrecht.hans@aon.at, ☏ www.leutasch-austria.at, ÜF DZ ab € 24, pilgerfreundliche Unterkunft
- Hotel Garni Weidacherhof, Weidach 342, 6105 Leutasch, ☏ 0043/(0) 52 14/62 48, ✉ info@weidacherhof.at, 💻 www.weidacherhof.at, ÜF EZ ab € 35, ÜF DZ ab € 30 p. P., pilgerfreundliche Unterkunft
- Appartmenthaus Iris, Weidach 319, 6105 Leutasch, ☏ 0043/(0) 52 14/62 22, ✉ iris.a.krug@tele2.at, 💻 www.appartmenthaus-iris.at, Ü FW ab € 45 pro Einheit, pilgerfreundliche Unterkunft
- Panorama-Pension Heis, Moos 17a, 6105 Leutasch, ☏ 0043/(0) 52 14/63 23, ✉ pension.heis@gmail.com, 💻 www.pension-heis.at, ÜF EZ ab € 29, ÜF DZ ab € 27,50 p. P., pilgerfreundliche Unterkunft
- Gästehaus Post, Föhrenwald 17, 6105 Leutasch, ☏ 0043/(0) 52 14/64 77, ✉ urlaub@ferienwohnungen-leutasch.com, 💻 www.ferienwohnungen-leutasch.com, Ü ab € 42 pro Einheit, pilgerfreundliche Unterkunft
- Schlösslhof, Föhrenwald 14, 6105 Leutasch, ☏ 0043/(0) 52 14/20 102, ✉ fam.neuner@schloesslhof.com, 💻 www.schloesslhof.com, Ü FW ab € 41 pro Einheit, pilgerfreundliche Unterkunft
- Lippelerhof, Obern 32, 6105 Leutasch, ☏ 0043/(0) 52 14/63 44, pilgerfreundliche Unterkunft
- Weisses Rössl Leutasch, Gasse 166, 6105 Leutasch, ☏ 0043/(0) 650/92 77 94, 💻 www.null-stern-hotel.at, ÜF DZ ab € 25 p. P., pilgerfreundliche Unterkunft
- Activ-Pension Bergfrieden, Weidach 332, 6105 Leutasch, ☏ 0043/(0) 52 14/62 66, ✉ info@bergfrieden.at, 💻 www.bergfrieden.at, ÜF EZ ab € 30, ÜF DZ ab € 31 p. P.
- Pension Lehnerhof, Lehner 199, 6105 Leutasch, ☏ 0043/(0) 52 14/62 78, ✉ info@lehnerhof.at, 💻 www.lehnerhof.at, ÜF EZ ab € 36, ÜF DZ ab € 32 p. P.
- Bergidyll & Hotel Trofana, Obern 42, 6105 Leutasch, ☏ 0043/(0) 664/444 61 81, ✉ info@hotel-trofana.at, 💻 www.hotel-trofana.at, ÜF EZ ab € 61, ÜF DZ ab € 51 p. P.
- Bio-Landpension Monika, Weidach 347, 6105 Leutasch, ☏ 0043/(0) 52 14/62 88, ✉ info@monika-leutasch.com, 💻 www.monika-leutasch.com, ÜF EZ ab € 57,80, ÜF DZ ab € 47,80 p. P.
- Hotel Hochland, Weidach 375c, 6105 Leutasch, ☏ 0043/(0) 52 14/63 91, ✉ info@hotel-hochland.at, 💻 www.hotel-hochland.at, ÜF EZ ab € 51, ÜF DZ ab € 45 p. P.,
- Raffl's Sporthotel, Weidach 314a, 6105 Leutasch, ☏ 0043/(0) 52 14/66 34, ✉ info@rafflshotel.at, 💻 www.rafflshotel.at, ÜF EZ ab € 59, ÜF DZ ab € 42 p. P.
- Alpenhotel zum See, Weidach 336, 6105 Leutasch, ☏ 0043/(0) 52 14/51 42, ✉ office@alpenhotelzumsee.at, 💻 www.alpenhotelzumsee.at, ÜF EZ ab € 40, ÜF DZ ab € 36 p. P.

✗ Leutascher Dorfwirt, Weidach 320, 6105 Leutasch, ☏ 0043/(0) 52 14/65 33, info@leutascher-dorfwirt.at, www.leutascher-dorfwirt.at

♦ Restaurant Al Cavallino, Gasse 166, 6105 Leutasch, ☏ 0043/(0) 52 14/203 09, www.al-cavallinot.at

♦ Naturwirt, Gasse 190, 6105 Leutasch, ☏ 0043/(0) 52 14/201 82, info@naturwirt.at, www.naturwirt.at

♦ Spezialitäten Restaurant Forellenhof, Am Weidachsee, 6105 Leutasch, ☏ 0043/(0) 52 14/64 55, info@forellen-hof.at, www.forellen-hof.at

♦ Restaurant Weidachstube, Weidach 373b, 6105 Leutasch, ☏ 0043/(0)52 14/64 56, weidachstube@a1.net, www.culinarum-alpentraum.at/restaurant-weidachstube.html

Linie 4186 von Mittenwald in die Leutasch, Linie 4184 von Seefeld in die Leutasch, Fahrplaninformationen unter www.vvt.at

⌘ Kulturhaus Ganghofermuseum, Kirchplatzl 128a, 6105 Leutasch, ☏ 0043/(0) 52 14/62 05, Dienstag und Mittwoch 10:00 - 12:00, Donnerstag und Freitag 16:00 - 18:00, gemeinde@leutasch.tirol.gv.at, www.leutasch.at/kulturhaus-ganghofermuseum, Eintritt € 3, Kinder bis 14 Jahre freier Eintritt

Erlebnisbad Alpenbad Leutasch, Weidach 275, 6105 Leutasch, 10:00 - 22:00, Sauna unter der Woche ab 14:00, am Wochenende ab 11:00, Eintritt Tageskarte € 17,50, 4-Stunden-Karte € 12, Saunaaufpreis € 6,50 bzw. € 8 auf Tageskarte, ☏ 0043/(0) 52 14/63 80, info@apenbad-leutasch.com, www.alpenbad-leutasch.com

✝ Kath. Pfarrkirche St. Magdalena in Oberleutasch

⊙ Pilgerstempel: Tourismusbüro Leutasch, Pfarrkirche St. Magdalena

Leutasch ist kein einzelner Ort, sondern der Name der Gemeinde im Leutaschtal, das aus insgesamt 24 Ortsteilen besteht. Sitz der Gemeinde ist in Kirchplatzl, hier steht auch die Pfarrkirche St. Magdalena. Die Kirche stammt aus dem 12. Jahrhundert. Nach einer Erweiterung im 15. und 18. Jahrhundert wurde sie 1820 auf ihre jetzige Größe ausgebaut. Im Zuge der Auflösung des Klosters Benediktbeuern in der Säkularisation erhielt die Kirche St. Magdalena in der Leutasch den Hochaltar aus dem Kloster.

In der Kirche finden Sie wunderschöne, farbenprächtige Deckengemälde. Diese stammen, genauso wie das Hochaltarbild von Leopold Puellacher.

Die älteste der vier Glocken stammt aus dem Jahre 1482 und ist der Heiligen Magdalena geweiht. Die Orgel stammt aus dem Jahre 1893.

In der Leutasch befinden sich neben den beiden Pfarrkirchen in Ober- und Unterleutasch zusätzlich noch 20 Kapellen. Somit hat fast jeder Ortsteil seine eigene kleine Kapelle.

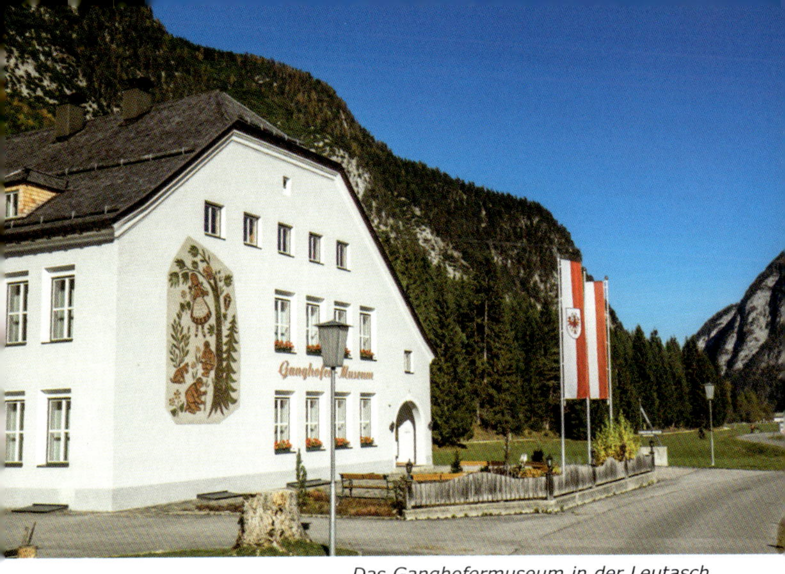

Das Ganghofermuseum in der Leutasch

Beim Leutaschtal handelt es sich um ein Hochtal, das sich südlich entlang des Wettersteingebirges erstreckt. Es ist umgeben von markanten Gipfeln wie der Hohen Munde, den Arnspitzen und den Dreitorspitzen. Im Westen verläuft das Gaistal zwischen Wetterstein und Mieminger Kette hinauf zur Ehrwalder Alm. Das Leutaschtal ist relativ schneesicher und deshalb vor allem bei Langläufern sehr beliebt. Im Tal gibt es knapp 280 km gespurte Langlaufloipen.

Die erste urkundliche Erwähnung des Gebietes findet sich aus dem Jahre 1278 im Zusammenhang mit einer Stiftung an das oberbayerische Augustiner-Chorherrenstift Pollig. Vermutlich war das Tal aber schon vorher besiedelt.

Im Jahr 1294 wurden die Grafschaften Mittenwald und Partenkirchen von Graf Berchtold III. an den Bischof von Freising verkauft. Die erworbenen Grafschaften wurden mit dem bereits vorher erworbenen Garmisch zur Grafschaft Werdenfels zusammengefasst. Ein Teil des Leutaschtales gehörte ebenfalls zur Grafschaft Werdenfels.

1312 wurden Teile des Leutaschtales von Herzog Heinrich von Kärnten und Graf Tirol erworben. Er ließ 1338 am Talanfang eine Burg errichten. Die Einwohnerzahlen stiegen in der Folge stetig an, sodass das Tal im 18. Jahrhundert bereits 800 Personen zählte. Die besitzenden Grundherren wechselten im Laufe der Jahrhunderte immer wieder. Die Grundherrschaften wurden im Zuge der Revolution von 1848/49 aufgehoben. Trotz der Sicherung durch die Porta Claudia und der etwas versteckten Lage kam es im Leutaschtal immer wieder zu kriegerischen

Handlungen. Im Dreißigjährigen Krieg mussten die Bewohner größere Plünderungen erdulden, obwohl Tirol ansonsten vom Krieg verschont wurde.

Besonders einfallsreich waren bayerische Truppen im Jahre 1703, als sie die Porta Claudia umgingen und über einen Gebirgssteig den Zugang zum Tal gewannen. Dieser Steig, der in der Nähe des Grünkopfes verläuft, wird heute als Franzosensteig bezeichnet.

Französische Truppen belagerten während Napoleons Feldzug gegen Österreich im Jahre 1805 die Pässe Scharnitz und Leutasch. Auch sie gelangten über den Franzosensteig in die Leutasch und konnten durch den Umweg über Seefeld den Scharnitzpass erobern. Geführt wurden sie dabei von Mittenwalder Einwohnern.

Neben der Pfarrkirche in Kirchplatzl befindet sich das Ganghofermuseum. In dem Museum werden das Leben des Heimatdichters Ludwig Ganghofer, die traditionsreiche Jagd in der Leutasch sowie die Dorfgeschichte dargestellt. Ludwig Ganghofer (1855 bis 1920) lebte 20 Jahre im Gaistal in seinem Jagdhaus „Hubertus". Viele seiner Werke, darunter auch sein erfolgreichster Roman „Das Schweigen im Walde", hat er hier verfasst. Er war zu seiner Zeit einer der meistgelesenen deutschsprachigen Autoren. Viele seiner Romane wurden später verfilmt.

In der Leutasch befindet sich auch ein Erlebnisbad mit schöner Saunalandschaft. Falls Sie an einem Tag entspannen und sich ausruhen möchten, ist dies eine wunderbare Möglichkeit.

Die Leutascher Geisterklamm ist nicht mit dem Fahrrad befahrbar. Sie haben zwei Ausweichmöglichkeiten. Die erste Alternative folgt der schmalen Straße von Mittenwald in die Leutasch. Bei der zweiten Alternative radeln Sie am Weg an der Geisterklamm vorbei zum Gasthaus Gletscherschliff. Sie umfahren nun die Klamm und gelangen so ebenfalls nach Unterleutasch.

10. Von der Leutasch nach Mösern

12 km, 4 Std. 30 Min., 370 m, 300 m, 1.134-1.326 m

0,0 km	1.136 m	Leutasch
6,7 km	1.193 m	Buchen
12,0 km	1.206 m	Mösern

Der Jakobswegsverein listet auf seiner Homepage nur noch eine letzte Etappe von der Leutasch nach Motz. Allerdings hat diese 32 km und ist somit sehr lang.

Wir empfehlen deshalb eine Aufteilung in drei Etappen.

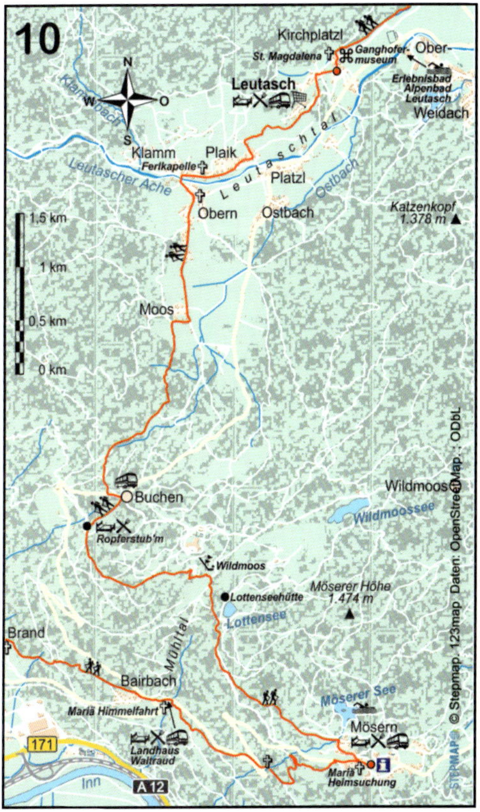

Von **Leutasch-**Kirchplatzl wandern Sie zum benachbarten Ortsteil Plaik. In Plaik spazieren Sie an der kleinen ✝ Ferlkapelle vorbei.

Nach Erzählungen wurde bei einem Hochwasser durch die Leutascher Ache gegen Ende des 18. Jahrhunderts der benachbarte Ferlhof vom Wasser verschont. An der Stelle, an der das Wasser stehen blieb, errichtete der Bauer zum Dank die kleine Kapelle.

In Plaik treffen Sie wieder auf die Straße, der Sie bis zu einer Brücke über die Leutascher Ache folgen. Sie

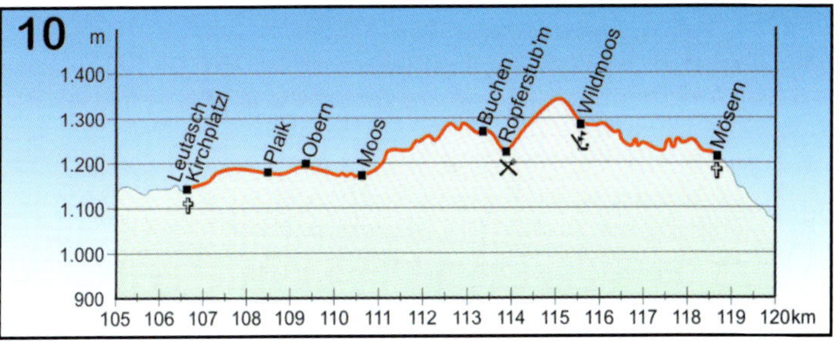

gehen nach links über die Brücke und erreichen Obern. Auch hier gehen Sie an einer kleinen ✞ Kapelle vorbei.

In der Kapelle in Obern wird jeden Abend zum Ave geläutet. Die neun Hofbesitzer von Obern besorgen dies in einem neunjährigen Turnus, der in einem über 140-jährigen Kapellenbrief festgesetzt wurde.

Entlang der Fahrstraße wandern Sie weiter nach Moos. Hier biegen Sie nach rechts ab und gehen weiter auf der Straße, bis Sie an einen Wanderweg kommen. Auf diesem wandern Sie in südlicher Richtung am Fuße der Hohen Munde entlang. Bald mündet von links ein weiterer Weg ein. Sie wandern aber weiter, bis Sie an die Häuser von **Buchen** gelangen.

Buchen

32 Ew. ⇧ 1.193 m

Ropferhof & Landgasthof, Ropferstub'm, Buchen 6-8, 6410 Telfs, ☏ 0043/(0) 52 62/659 49, Ferienwohnungen, pilgerfreundliche Unterkunft

Linie 4184 aus der Leutasch oder Linie 8354 von Seefeld

Buchen liegt noch hoch über dem Inntal, direkt am Rand des Leutaschtales. Es gehört bereits zur Gemeinde Telfs.

Sie gehen in **Buchen** durch den Ort zur Ropferstub'm, von der Sie auf einem Wanderweg zum Golfplatz Wildmoos wandern. Nun steigen Sie über den steilen Abstieg hinunter zur Lottenseehütte. Von ihr wandern Sie in südöstlicher Richtung weiter, bis Sie nach **Mösern** gelangen.

Mösern

344 Ew. ⇧ 1.206 m

Olympia Region Seefeld, Informationsbüro Mösern/Buchen, Möserer Dorfstraße 11, 6100 Mösern, ☏ 0043/(0) 50 88/20, info@moesern.seefeld.com

Apart Hotel Olymia, Albrecht-Dürer-Weg 7, 6100 Mösern, ☏ 0043/(0) 54 42/620 86, www.olympia-seefeld.com, ÜF DZ ab € 35 p. P.

♦ Krösbacher Hof, Broch-Weg 12, 6100 Mösern, ☏ 0043/(0) 65 04/75 30 01, info@kroesbacherhof.at, www.kroesbacherhof.at, ÜF EZ ab € 42, ÜF DZ ab € 28 p. P.

♦ Hotel Pension Tyrol, Brochweg 28, 6100 Mösern, ☏ 0043/(0) 52 12/47 29, info@hotel-tyrol.at, www.hotel-tyrol.at, ÜF EZ ab € 50, ÜF DZ ab € 35 p. P.

♦ Gasthof Menthof, Brochweg 15, 6100 Mösern, ☏ 0043/(0) 52 12/47 56, info@menthof.at, www.menthof.at, ÜF ab € 25 p. P.

♦ Hotel Heislerhof, Kirchweg 2/4, 6100 Mösern, ☏ 0043/(0) 52 12/47 58, heislerhof@moesern.net, www.moesern.net/heislerhof, ÜF DZ ab € 30 p. P.

- ♦ Gasthof Alt Mösern, Möserer Dorfstraße 15, 6100 Mösern, ☏ 0043/(0) 52 12/47 37, info@alt-moesern.at, www.alt-moesern.at, Ü ab € 45 p. P.
- Haus Lukas, Am Bichl 1, 6100 Mösern, ☏ 0043/(0) 52 12/48 40, info@haus-lukas.at, www.haus-lukas.at, ÜF ab € 23 p. P.
- ♦ Pension Spiegl, Broch-Weg 5, 6100 Mösern, ☏ 0043/(0) 52 12/47 28, pension.spiegl@moesern.net, www.moesern.net/pension-spiegl, ÜF ab € 34 p. P.
- ♦ Pension Bergland, Am Bichl 26, 6100 Mösern, ☏ 0043/(0) 52 12/47 54, info@pension-bergland.at, www.pension-bergland.at, ÜF ab € 22
- ♦ Hotel-Garni Hubertus Hof, Möserer Seeweg 8, 6100 Mösern, ☏ 0043/(0) 52 12/47 33, hubertushof@moesern.net, www.hubertushof-moesern.at, ÜF EZ ab € 45, ÜF DZ ab € 35
- ♦ Hotel Lärchenhof, Am Wiesenhang 11, 6100 Mösern, ☏ 0043/(0) 52 12/ 47 67, info@laerchenhofnatur.at, www.laerchenhofnatur.at, ÜF DZ ab € 59 p. P.
- Möserer See
- Linie 8354 von Seefeld, Fahrplaninformationen unter www.vvt.at
- ✞ Filialkirche Mariä Heimsuchung

Blick von Mösern ins Inntal

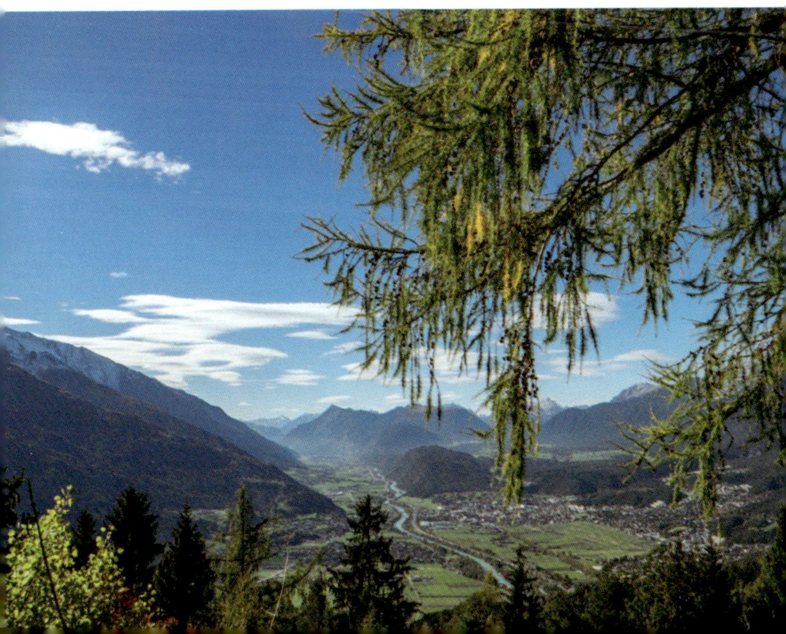

Mösern ist ein kleines Dorf, das am Südrand des Seefelder Plateaus liegt. Es gehört zur Gemeinde Telfs. Die erste urkundliche Erwähnung findet sich aus dem Jahre 1307. Im Ort befindet sich die ✞ Kirche Mariä Heimsuchung, die im Barockstil erbaut wurde. Die Altarblätter stammen vom Barockmaler Paul Zeiller. Sie bewundern Altarbilder der Heimsuchung, eine Darstellung, in der die heilige Anna ihrer Tochter Maria das Lesen beibringt (Anna Maria lesen lehrend) und ein Bild der Heiligen Familie auf Wanderschaft. Weiterhin gibt es eine Schnitzfigur „Madonna im Strahlenkranz" aus dem 18. Jahrhundert und einen Glaskasten mit der Wachsfigur „Christus an der Geißelsäule". Das Deckenbild „Anbetung der Hirten" und die Mariensymbole der Laretanischen Litanei über den Fenstern von 1772 wurden erst im Jahre 1927 wieder freigelegt. 1951 erfolgte dann die Restaurierung. Im Jahre 1979 baute man eine Erweiterung der Kirche.

Die Friedensglocke

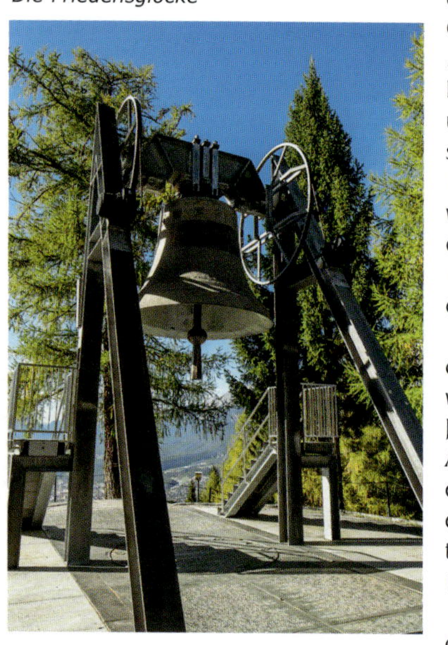

In Mösern befindet sich die Friedensglocke des Alpenraums. Sie wurde anlässlich des 25-jährigen Jubiläums der Arbeitsgemeinschaft Alpenländer am 12. Oktober 1997 eingeweiht. Von hier genießen Sie einen traumhaften Blick auf das Inntal. Die Glocke läutet täglich um 17:00.

Sowohl der Lottensee als auch der Wildmoossee sind a-periodisch auftretende Seen. Der Grund sind unterirdische Karstsysteme. Nach Frühjahrsniederschlägen und der Schneeschmelze bilden sich die Seen, deren Wasserstand im ganzen Sommer konstant ist. Im Herbst laufen die Seen dann plötzlich innerhalb von zwei bis drei Wochen aus. Etwas oberhalb von Mösern befindet sich der idyllische 🏊 Möserer See, der im Sommer zum Baden einlädt. Er zählt zu den wärmsten Seen Tirols.

🚲 Der Abschnitt von der Leutasch nach Buchen ist als Fahrradroute ausgewiesen. Von Buchen radeln Sie besser auf dem Fahrradweg zum Gasthof Buchner Höhe und weiter am Wildmoos- und Lottensee vorbei nach Mösern.

11. Von Mösern nach Telfs

8,7 km, 3 Std. 30 Min., 110 m, 710 m, 632-1.216 m

0,0 km	1.206 m	Mösern
3,3 km	889 m	Bairbach
5,1 km	794 m	Brand
6,4 km	760 m	Mariahilf Birkenberg,
8,7 km	634 m	Telfs

Am westlichen Ortsende von **Mösern** führt ein Steig bergab in den Wald. Auf diesem Weg kürzen Sie die Fahrstraße ab. Kurz vor der Straße erreichen Sie die schön gelegene Möserer Kapelle. Sie überqueren die Straße, folgen noch kurz einem Steig abwärts und treffen gleich noch einmal auf die Straße. Sie bleiben noch kurz auf der Straße, bis unterhalb von dieser ein schöner Wanderweg beginnt, auf dem Sie zu den Häusern von **Bairbach** wandern.

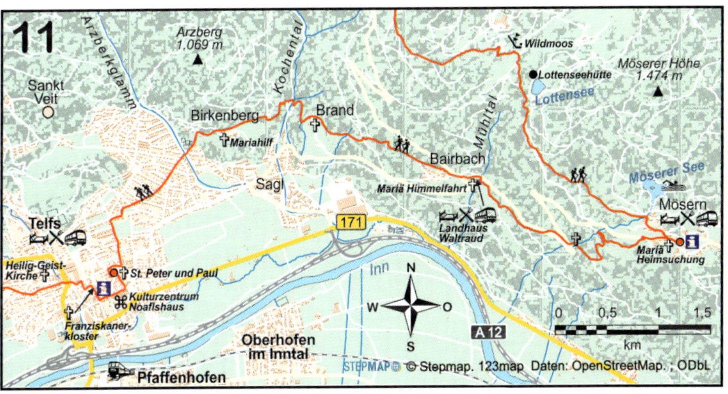

Bairbach

49 Ew. 889 m

Landhaus Waltraud, Bairbach 6b, 6410 Telfs, 0043/(0) 650/212 13 59, ÜF ab € 20, pilgerfreundliche Unterkunft

Restaurant Stefan, Bairbach 6a, 6410 Telfs, 0043/(0) 52 62/63 260, info@restaurant-stefan.at, www.restaurant-stefan.at

Linie 8354 von Seefeld, Fahrplaninformationen unter www.vvt.at

Wegkapelle Mariä Himmelfahrt und Hl. Pontianus

Bairbach ist ein kleiner Ortsteil der Gemeinde Telfs. Es liegt westlich, unterhalb von Mösern. Hier befindet sich die kleine Wegkapelle Mariä Himmelfahrt

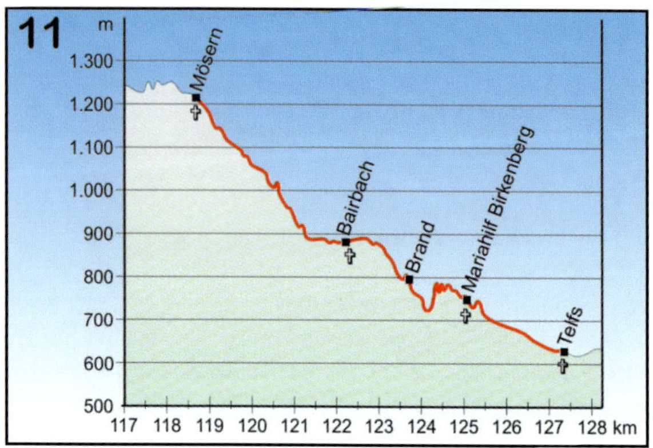

und heiliger Pontianus. Es handelt sich um eine kleine, quadratische Kapelle mit geradem Chorschluss. Sie wurde in den Jahren 1964 bis 1966 errichtet. Im Inneren der Kapelle finden sich Szenen aus dem Leben des heiligen Pontianus.

Auf der anderen Straßenseite beginnt nach den Häusern von Bairbach ein schöner Weg, auf dem Sie bis zu den Höfen von Brand wandern.

Brand

12 Ew. ⇧ 794 m ✞

✞ Hauskapelle vom Brandnerhof

Bei den Höfen von Brand befindet sich eine nette, kleine Kapelle, die ✞ Hauskapelle vom Brandnerhof. Sie ist dem heiligen Martin geweiht. Eindrucksvoll ist der Blick hinauf zu den steilen Felsabstürzen der Hohen Munde.

Von **Brand** wandern Sie weiter in Richtung Telfs. Bevor der Weg nach links in den Ort hinabführt, schicken die Wegweiser Sie nach rechts in Richtung **Birkenberg**.

Birkenberg

19 Ew. ⇧ 760 m ✞

✞ Wallfahrtskirche Mariahilf

Bei Birkenberg befindet sich das schöne ↑ Wallfahrtskirchlein Mariahilf, das 1640 erbaut wurde. 1692 folgte eine Erweiterung. Die kleine, im Barockstil erbaute Kapelle ist besonders sehenswert. Sie besteht aus einem kreisförmigen Mittelraum, drei halbkreisförmigen Apsiden und einem quadratischen Vorraum.

Der Rokokoaltar von Andreas Thamasch stammt aus dem Jahr 1770. Auf der rechten Seite sitzt eine kleine dunkelhäutige Figur, das sogenannte „Mohrele". Man sagt, es bringe die kleinen Kinder ins Haus, sodass man nach Birkenberg wallfahren muss, wenn man sich ein Kind wünscht. Die Kapelle befindet sich nun schon ganz nah an Telfs.

Nach der Besichtigung der ✞ Kapelle von **Birkenberg** machen Sie sich an den Weiterweg in Richtung des Zentrums der Marktgemeinde **Telfs**. Nach Birkenberg kommen Sie in den Ortsteil St. Georgen. Hier befindet sich die Pfarrkirche St. Peter und Paul, die Sie direkt auf dem Jakobsweg erreichen.

Telfs 15.224 Ew. ⇧ 634 m

Ferienregion Sonnenplateau Mieming & Tirol Mitte, Untermarktstraße 1, 6410 Telfs, ☎ 0043/(0) 0 52 62/622 45, info@sonnenplateau.net, www.sonnenplateau.net

Hotel Munde, Untermarktstraße 17, 6410 Telfs, ☎ 0043/(0) 52 62/624 08, info@hotel-munde.at, www.hotel-munde.at, ÜF EZ ab € 70, ÜF DZ ab € 47 p. P.

- Hotel Tirolerhof, Bahnhofstraße 28, 6410 Telfs, ☎ 0043/(0) 52 62/622 37, info@der-tirolerhof.at, www.der-tirolerhof.at, ÜF EZ ab € 55, ÜF DZ ab € 44 p. P.
- Gasthof Schweizerhof, Karl-Schönherr-Straße 10, 6410 Telfs, ☎ 0043/(0) 52 62/650 77, ÜF ab € 36 p. P.
- Hotel Löwen, Untermarktstraße 14, 6410 Telfs, ☎ 0043/(0) 52 62/624 55, info@haerting.at, ÜF DZ ab € 38 p. P.

Haus Stubenböck, Giessenweg 9, 6410 Telfs, ☎ 0043/(0) 52 62/625 69, info@stubenboeck-telfs.com, www.stubenboeck-telfs.com, ÜF EZ ab € 28, ÜF DZ ab € 28 p. P., ÜF MBZ ab € 22 p. P., pilgerfreundliche Unterkunft

- Pension Telfer Stub'm, Wiesenweg 1, 6410 Telfs, ☎ 0043/(0) 52 62/625 49, telferstubm@telfs.com, ÜF DZ ab € 35 p. P.
- Erika Hosp, Weiherweg 13, 6410 Telfs, ☎ 0043/(0) 699/17 13 40 68, ÜF DZ ab € 22 p. P.
- Herlinde Neuner, Sagl 8, 6410 Telfs, ☎ 0043/(0) 52 62/622 77, r52309@bptankstelle.net, ÜF DZ ab € 21 p. P.
- Es gibt noch weitere Unterkünfte, die aber teilweise etwas außerhalb von Telfs liegen und daher für Pilger auf dem Jakobsweg nicht ideal gelegen sind. Bei Bedarf können diese über die Tourismus-Information ausfindig gemacht werden.

S-Bahn Linie 1 von Innsbruck, Fahrplaninformation unter www.oebb.at

Linie 4184 von Leutasch oder Seefeld und 8354 von Seefeld, Fahrplaninformationen unter www.vvt.at

✝ Pfarrkirche St. Peter und Paul, Franziskanerkloster, Heilig-Geist-Kirche

⌘ Kulturzentrum Noaflshaus, Untermarktstraße 20, 6410 Telfs, 🚪 Mo bis Fr 10:00 - 12:00, in den Sommerferien (Juli und August) zusätzlich 15:00 - 17:00, ☎ 0043/(0) 052 62/627 09 20, ✉ noaflhaus@telfs.gv.at, 💻 www.telfs.com/noafl/museum

⊙ Pilgerstempel: Tourist-Info, Pfarrkirche St. Peter und Paul, Heilig-Geist-Kirche

Bis in das 20. Jahrhundert war Telfs Zentrum für die Textilindustrie. Im Ort stehen noch einige Fabrikgebäude aus der Zeit. Durch die vielen Gastarbeiter ist der Anteil der Einwanderer in Telfs relativ hoch.

Heute ist Telfs die drittgrößte Gemeinde Tirols. Die Marktgemeinde verfügt über ein Ärztezentrum, ein Sport- und Veranstaltungszentrum sowie weitere Einrichtungen.

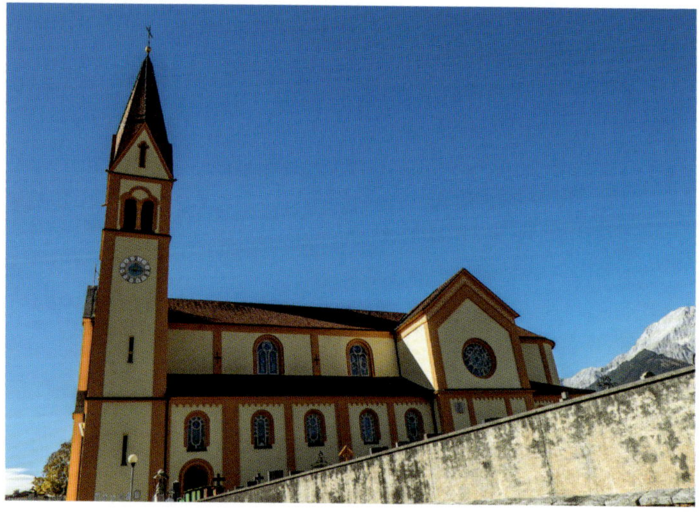

St. Peter und Paul in Telfs

Besonders sehenswert ist die ✝ katholische Pfarrkirche St. Peter und Paul. Die erste Kapelle stand wohl schon im Jahre 1113. Sie hat damit die älteste Weiheurkunde Nordtirols. Erstmals wurde die Kirche nach St. Peter und Paul im Jahre 1352 benannt. Die heutige Kirche wurde erst im Jahre 1886 eingeweiht. Sie wurde vom Architekten Johann Eiter nach Plänen von Leopold von Claricini-Dornpach erbaut.

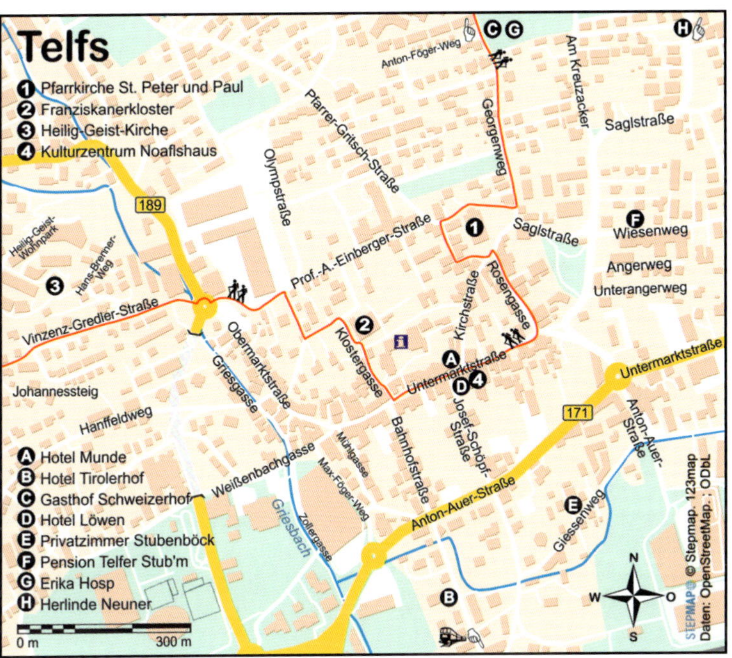

Bei der Kirche handelt es sich um eine dreischiffige kreuzförmige Basilika. Sie hat zwei Fassadentürme, den westlichen Petersturm und den östlichen Paulsturm.

Nicht weit von der Pfarrkirche entfernt befindet sich das ✝ Franziskanerkloster. Das Kloster wurde am Anfang des 18. Jahrhunderts gegründet. Die Franziskaner wurden damals im Oberinntal sehr geschätzt. Zu Beginn des 19. Jahrhunderts lebten in Telfs nur noch sechs Franziskanermönche, allerdings konnte sich das Kloster in der Folge wieder erholen. An der Kirchenfassade befindet sich ein Mosaik, das die Unbefleckte Empfängnis zeigt. Das Mosaik schuf Josef Pfefferle anlässlich der 200-Jahr-Feier. Heute ist das Kloster ein Haus der spirituellen Einkehr.

Zum Kloster gehört die ✝ Franziskanerkirche Mariä Empfängnis. Das Hochaltarbild in der Kirche zeigt ebenfalls die Unbefleckte Empfängnis.

Die ✝ Heilig-Geist-Kirche wurde erst 2002 als Jubiläumskirche des neuen Jahrtausends eingeweiht. Es handelt sich um eine moderne Kirche, die in elliptischer Form angelegt wurde. Den Altarraum zieren Bilder von Maurizio Bonato. Ebenso sehenswert sind die zwölf Kirchenfenster mit den Apostelkreuzen.

In Telfs lohnt sich zudem ein Besuch des ⌘ Kulturzentrums Noaflhaus mit dem Fastnacht- und Heimatmuseum. Schwerpunkt ist das „Telfer Schleicherlaufen". Alle fünf Jahre findet dieser Fastnachtsbrauch statt. Im Museum sehen Sie einige Figuren des Brauches sowie Multimediapräsentationen und Filmausschnitte.

Weiterhin sind in dem Museum archäologische Artefakte aus der Besiedelung des Telfer Talbeckens zu sehen. Darunter sind Funde aus der Bronze-, Eisen- und Römerzeit sowie dem Frühmittelalter. Zudem sind alte Handwerksgeräte ausgestellt, anhand derer Sie die Arbeitswelt aus drei Jahrhunderten kennenlernen.

Bekannt ist Telfs auch für seine Krippenausstellung. Sie finden eine umfangreiche Sammlung im Museum.

Letzter Bereich im Noaflhaus ist die Kunst. Im Museum sind Gemälde, Plastiken und Erinnerungsstücke von Künstlern aus dem 18. bis ins 21. Jahrhundert ausgestellt.

In Telfs gibt es seit 1998 sogar eine Moschee. Die Eyüp-Sultan-Mosche wurde 2006 durch ein 15 m hohes Minarett erweitert. Vor dem Bau des Gebetsturmes gab es einige Kontroversen, die sogar überregional Beachtung fanden. Auch in einer Folge des österreichischen Tatortes wurde der Telfer Minarettstreit behandelt.

2008 überlegte die politische Führung der Marktgemeinde die Erhebung in den Rang einer Stadt. In einer Bürgerbefragung wurde das Vorhaben allerdings abgelehnt.

Die hier beschriebene Route ist für Fahrräder schlecht geeignet. Besser ist es, von Mösern mit dem Fahrrad auf der Fahrstraße über Bairbach direkt nach Telfs hinunterzufahren.

12. Von Telfs nach Mötz

14,3 km, 5 Std. 30 Min., ↑ 485 m, ↓ 475 m, ⇧ 625-897 m

0,0 km	⇧ 634 m	Telfs
11,7 km	⇧ 792 m	Maria Locherboden,
13,2 km	⇧ 654 m	Mötz
14,3 km	⇧ 643m	Staudach

Von der Pfarrkirche St. Peter und Paul in **Telfs** wandern Sie auf der Rosengasse zur Untermarktstraße. Dieser folgen Sie nach Westen, bis Sie nach rechts in die Klostergasse abbiegen. Auf dieser wandern Sie zum Telfer Franziskanerkloster. Vom Kloster gehen Sie in die Professor-Andreas-Einberger-Straße, auf der Sie

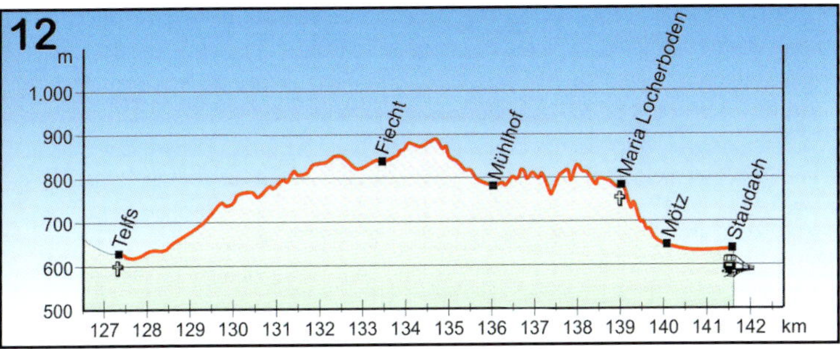

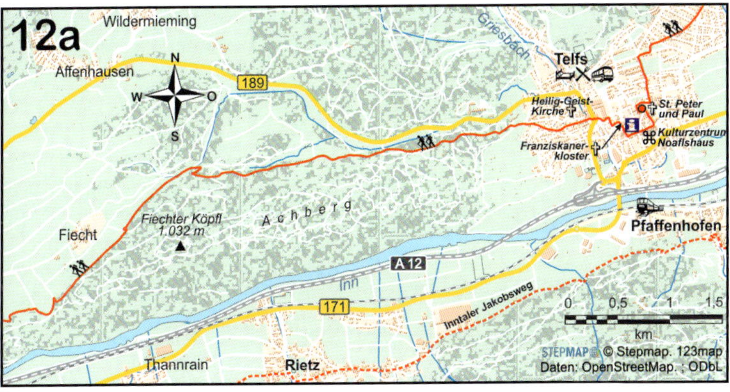

nach Westen zu einem Kreisverkehr wandern. Sie nehmen die nach Westen weiterführende Vinzenz-Gredler-Straße. Auf dieser gelangen Sie zur Heilig-Geist-Kirche. Am westlichen Ortsende von Telfs beginnt der Besinnungsweg, der von hier bis nach Maria Locherboden führt. An zwölf Stationen verknüpfen junge Künstler Botschaften der Bibel mit den Gegebenheiten der Natur und den Möglichkeiten der Kunst. Über den Achberg gelangen Sie an den südlichen Ortsrand von Mieming. Durch ein weiteres Waldstück nach dem Mühlhof erreichen Sie ✞ **Maria Locherboden**, eine bekannte Wallfahrtskirche.

Maria Locherboden ⇧ 792 m ✕ ✞

✕ Tiroler Wirtshaus am Locherboden, Landesstraße 2, 6423 Mötz,
☏ 0043/(0) 52 63/55 99, info@locherboden.at, www.locherboden.at

✞ Maria Locherboden

⊙ Pilgerstempel: Kiosk an der Wallfahrtskirche Maria Locherboden

Ursprünglich befand sich an der Stelle der Kapelle ein Bergbaugebiet. Durch das Wunder der Rettung eines verschütteten Knappen aus einem verschlossenen Stollen wurde der Locherboden bekannt. Am Stolleneingang wurde ein Muttergottesbild angebracht. In der Folge wurde das Marienbild zu einer lokalen Pilgerstätte, sodass 1860 ein größeres Bild angebracht wurde. Dieses hängt heute noch über dem Hochaltar. 1871 erlangte Maria Locherboden große Bedeutung als Wallfahrtsort. Grund war die wundersame Heilung der todkranken Maria Kalb aus Rum bei Innsbruck. Sie betete vor dem Marienbild und wurde wie durch ein Wunder geheilt. Daraufhin errichtete man am Stolleneingang eine Gnadenkapelle. 1901 wurde die neugotische Wallfahrtskirche Maria Locherboden eingeweiht. Die Einweihung soll von Lichterscheinungen begleitet worden sein.

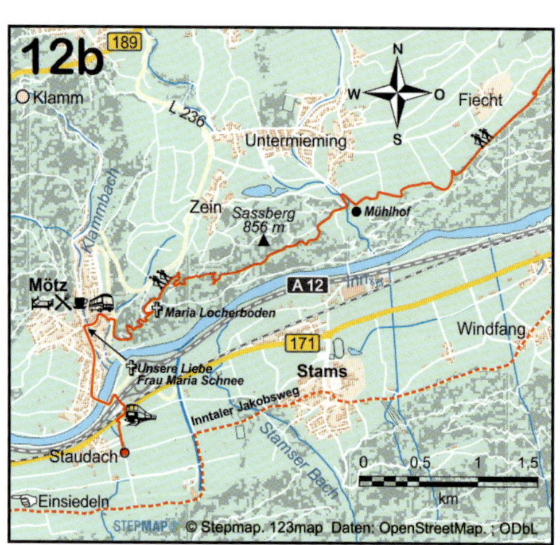

Besonders schön sind Lichterprozessionen, die in der Nacht zur Wallfahrtskirche ziehen.

Etwas unterhalb der Wallfahrtskirche befindet sich das gleichnamige Tiroler Wirtshaus am Locherboden.

Über den Kreuzweg wandern Sie von **Maria Locherboden** hinunter nach Mötz.

Mötz

1.277 Ew. ⇧ 654 m

- Barbara Neurauter, Lente 47, 6423 Mötz, ☏ 0043/(0) 6 50/608 89 55, alexandra.neurauter@gmx.at, ÜF DZ ab € 22 p. P., pilgerfreundliche Unterkunft
- Schwöbhof, Königsgasse 31, 6423 Mötz, ☏ 0043/(0) 6 64/101 44 51, schwoebhof@gmx.at, Ü FW € 35 pro Einheit, pilgerfreundliche Unterkunft
- Widum-Pfarrheim, Kirchplatz 1, 6423 Mötz, ☏ 0043/(0) 52 63/64 31, Auskunft im Gemeindeamt, pilgerfreundliche Unterkunft

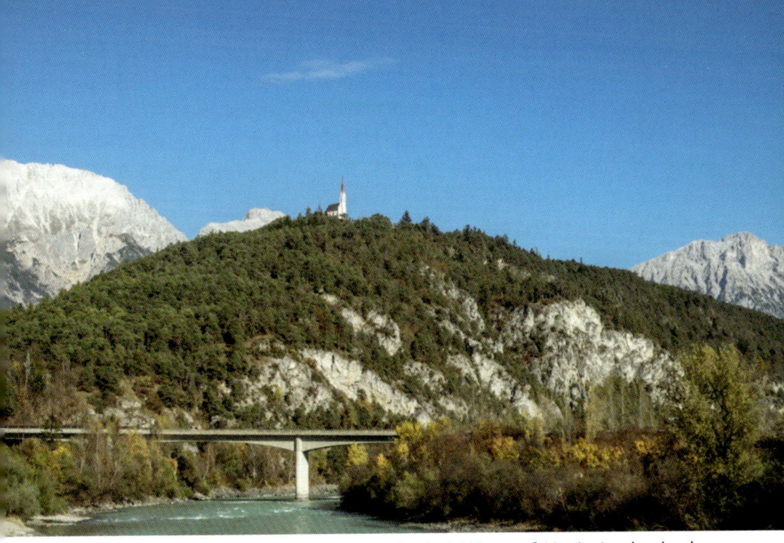

Blick von der Innbrücke bei Mötz auf Maria Locherboden

✕ ☕ Café Restaurant Hörmann, Lente 40, 6423 Mötz, ☏ 0043/52 63/2 01 50, 💻 www.acef-restaurant-hoermann.at

✕ Gasthof Kreuz, Lente 1, 6423 Mötz, ☏ 0043/(0) 52 63/62 72

🚌 Linie 8352 von Telfs oder Innsbruck, Fahrplaninformationen unter 💻 www.vvt.at

✝ Unsere Liebe Frau Maria Schnee

Die erste urkundliche Erwähnung von Mötz geht auf das 12. Jahrhundert zurück. Auch die erste Innbrücke bestand schon 1290. Seit dieser Zeit war Mötz ein bedeutender Verkehrsknotenpunkt und Ausgangspunkt für die Schifffahrt auf dem Inn. Dementsprechend findet sich im Wappen von Mötz auch ein Floß. Nach dem Zweiten Weltkrieg wurde Mötz eine eigenständige Gemeinde, vorher gehörte es zu Mieming. Neben der Wallfahrtskirche Maria Locherboden gibt es noch weitere besuchenswerte sakrale Gebäude. Hier ist vor allem das Pfarrhaus aus dem 18. Jahrhundert zu nennen. Mit der Kirche bildet es einen gemeinsamen Gebäudekomplex.

Mötz ist zudem Lebensraum der „Jenischen". Es handelt sich um eine nationale Minderheit, die einst mit dem Karren unterwegs war. Sie verdienten ihren Lebensunterhalt als Besenbinder und Pfannenflicker. Ihr Ursprung geht vermutlich auf das 17. Jahrhundert zurück, als Bevölkerungsgruppen wegen Ernteausfällen gezwungen waren, mit Karren über das Land zu ziehen. Sie versorgten die sesshafte Bevölkerung mit lebensnotwendigen Waren und Dienstleistungen.

In **Mötz** wandern Sie auf der Hauptstraße nach Süden zur Brücke über den Inn. Sie spazieren auf der anderen Flussseite zum Stamser Ortsteil **Staudach**. Hier befindet sich der Bahnhof von Mötz und Sie treffen jetzt auf den Inntal-Jakobsweg.

Staudach

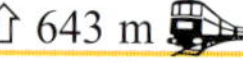

S-Bahn Linie S2 nach Innsbruck, Fahrplaninformationen unter www.oebb.at

Staudach, das sich südlich des Inns befindet, gehört zur Gemeinde Stams, die vor allem für das gleichnamige Stift und das Skigymnasium bekannt ist.

Der erste Abschnitt von Telfs bis an den Ortsrand von Mieming ist als Fahrradweg ausgewiesen. Danach ist es besser, über Mieming nach Mötz zu fahren. Maria Locherboden erreichen Sie dann zu Fuß.

So geht es weiter

Wenn Sie Ihren Camino weiter durch Tirol fortsetzen wollen, haben Sie die Möglichkeit, von Staudach auf dem Jakobsweg Tirol über Zams nach St. Christoph am Arlberg zu wandern. Hier wechseln Sie nach Vorarlberg und wandern auf dem Jakobsweg weiter über Bludenz nach Rankweil in der Schweiz.

Der Weg trifft später auf den Jakobsweg, der von Rorschach nach Einsiedeln führt.

Weitere Informationen:

- www.jakobsweg-tirol.net
- www.jakobswege-a.eu
- www.jakobsweg.ch
- Dippelreither Reinhard, **Österreich: Jakobsweg**, Conrad Stein Verlag, Der Weg ist das Ziel, ISBN 978-3-86686-418-4
- Engel, Hartmut, **Schweiz: Jakobsweg vom Bodensee zum Genfersee**, Conrad Stein Verlag, Der Weg ist das Ziel, ISBN 978-3-86686-492-4

Buchtipps aus dem Conrad Stein Verlag

Trekking ultraleicht

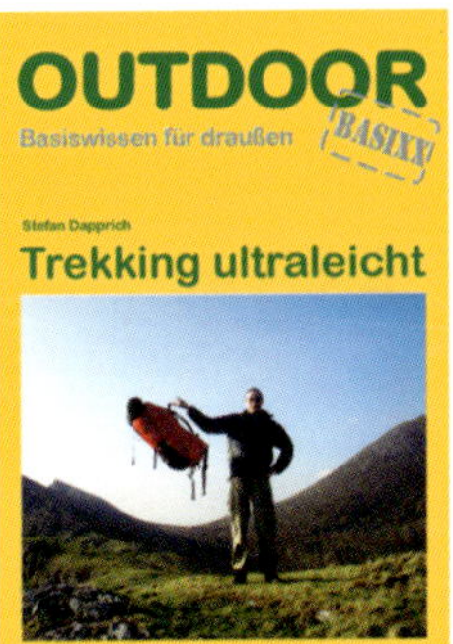

Stefan Dapprich
OutdoorHandbuch Band 184
Basiswissen für draußen
160 Seiten ▸ 56 farbige Abbildungen

ISBN 978-3-86686-422-1

>> Besprechungsdienst für öffentliche Bibliotheken:
„Für Trekker, Kanufahrer, Radfahrer und Bergsteiger geeigneter Ratgeber."

Radreisen

Andreas Bugdoll
OutdoorHandbuch Band 34
Basiswissen für draußen
160 Seiten ▸ 58 farbige Abbildungen
4 farbige Illustrationen

ISBN 978-3-86686-034-6

>> **ekz:** *„nützliche Tipps zu allen relevanten Themen wie Technik und Kauf eines Reiserads, Ausrüstung, Reisevorbereitung, Durchführung und Nachbereitung einer Tour."*

Wetter

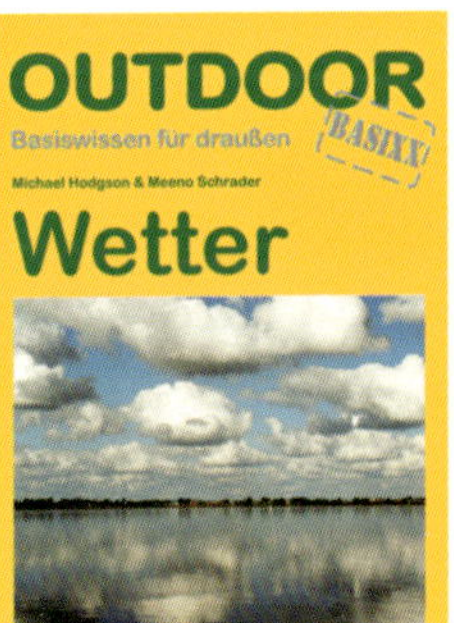

Meeno Schrader & Michael Hodgson
OutdoorHandbuch Band 13
Basiswissen für draußen
96 Seiten ▸ 36 farbige Abbildungen
21 Illustrationen

ISBN 978-3-86686-013-1

>> Nordis: *„Ein handliches Büchlein auch für unterwegs!"*

Index

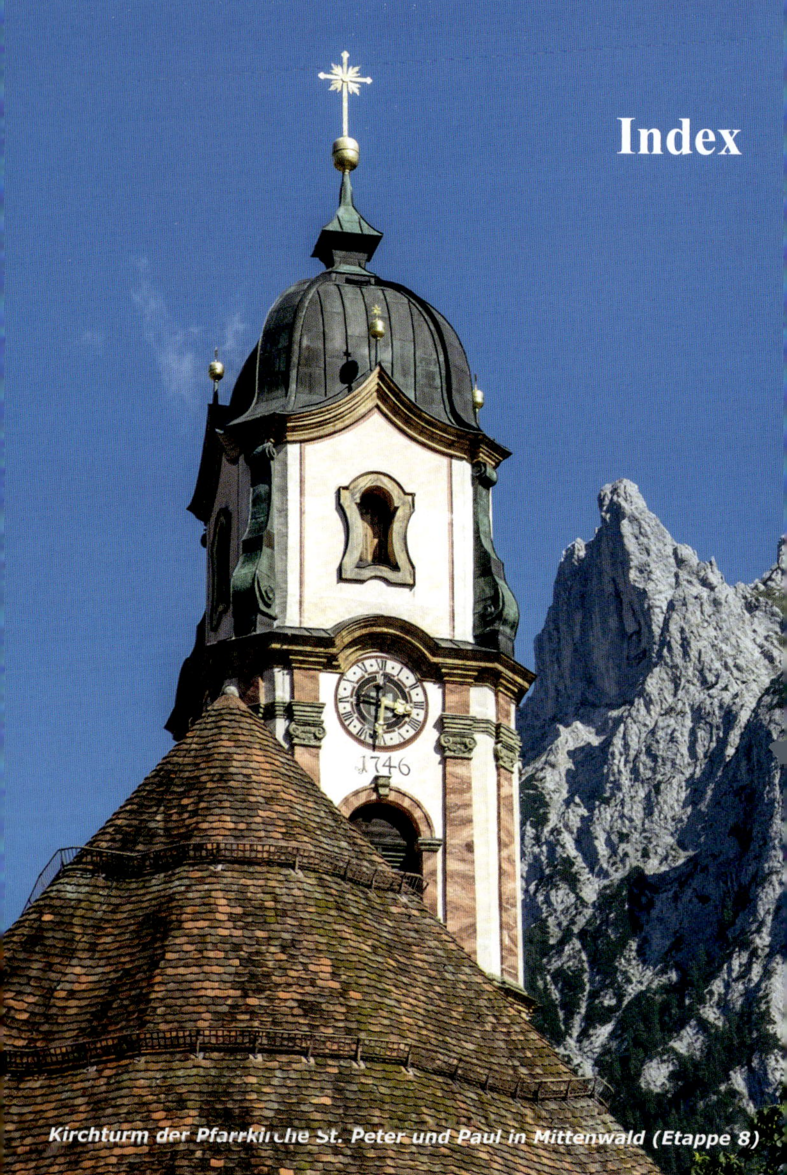

Kirchturm der Pfarrkirche St. Peter und Paul in Mittenwald (Etappe 8)